国家林业和草原局职业教育"十四五"规划教材

高职高专院校学生创新创业教育与实践
（第2版）

黄丽霞　主　编

中国林业出版社
China Forestry Publishing House

图书在版编目(CIP)数据

高职高专院校学生创新创业教育与实践 / 黄丽霞主编. -- 2版. -- 北京：中国林业出版社，2024.8. (国家林业和草原局职业教育"十四五"规划教材).

ISBN 978-7-5219-2788-7

Ⅰ. G717.38

中国国家版本馆 CIP 数据核字第 2024JA0216 号

策划、责任编辑：田　苗　赵旖旎
责任校对：苏　梅
封面设计：周周设计局

出版发行：中国林业出版社
　　　　　（100009，北京市西城区刘海胡同7号，电话83223120）
电子邮箱：cfphzbs@163.com
网　址：www.cfph.net
印　刷：北京中科印刷有限公司
版　次：2017年8月第1版
　　　　2024年8月第2版
印　次：2024年8月第1次印刷
开　本：787mm×1092mm　1/16
印　张：9.25
字　数：210千字
定　价：42.00元

《高职高专院校学生创新创业教育与实践》
（第2版）编写人员

主　　编　黄丽霞

副 主 编　丁灵妍　陆晓莉

编写人员　（按姓氏拼音排序）

　　　　　　陈友益（福建林业职业技术学院）

　　　　　　丁灵妍（福建林业职业技术学院）

　　　　　　华建祥（福建林业职业技术学院）

　　　　　　黄丽霞（福建林业职业技术学院）

　　　　　　黄庆斌（福建林业职业技术学院）

　　　　　　陆晓莉（福建林业职业技术学院）

　　　　　　汪秀霞（福建林业职业技术学院）

第2版前言

党的二十大报告提出:"健全终身职业技能培训制度,推动解决结构性就业矛盾。完善促进创业带动就业的保障制度,支持和规范发展新就业形态。"加强和改进创新创业教育作为国家实施创新驱动发展战略的一项重大举措,日益成为推进高等教育综合改革的关键环节。教材是优化创新创业教育培养方案和建设课程体系的重要一环,本教材紧扣高职高专学生的实际需要,以培养学生创新创业知识、能力、品质为主线,重点讲授创新创业活动领域基础知识、基本技能与基本方法。作为高职高专院校普及性的基础通识课程教材,在编写过程中重点把握以下几点:

(1)注重能力培养的实效性。深入分析高职高专学生知识基础、学习能力、专业水平,正确处理理论学习与技能培养的关系,找准学生兴趣点,重点培养学生的创新创业能力。

(2)突出教育教学的实践性。教材各章节从创新创业案例入手,增加了案例导入思政元素的思考与启示部分,深入分析成功经验和失败教训,从而引出本章的知识构架及相关内容,最后回归创新创业的实践操作。

(3)注重教学实施的科学性。作为通识课程教材,为不同专业的创新创业教育提供基础的知识与能力培养,努力做到课堂教学与实践教育相协调;将显性的创业技能培养与隐性的创新精神培养相协调;将学校的理论教育与社会的实践操作相协调。同时,在教材编写过程中注重运用已有的创业与创新领域的前沿研究成果,贴近高职高专学生日常生活体验进行设计。

教材内容包括绪论、迎接创新创业的新时代、创新创业素养、数字化时代的商业模式及其创新、创业团队、创业机会的识别与评估、商业计划书、创业风险与融资、管理新创企业,每章包括案例导入、理论知识和实践活动3个部分。从案例导入的感性认识,到知识体系的理性认识,再到实践操作的实践能力提升,遵循高职高专学生的认知规律,以期取得更好的教学效果。

本教材由福建林业职业技术学院黄丽霞任主编,丁灵妍、陆晓莉任副主编。黄丽霞修订绪论、第1章、第2章内容;丁灵妍修订第3章、第4章、第5章内容;陆晓莉修订第6章、第7章、第8章内容。此次编写是在第1版教材基础上进行修订,陈友益、华建祥、汪秀霞、黄庆斌均为本次修订搜集资料、提出修改建议等,编写过程中得到了福州职业技术学院舒良荣、闽北职业技术学院吴碧霞、三明医学科技职业学院包生来等老师的大力支持以及福建师范大学博士生导师廖福霖教授的指导和帮助,同时参阅吸收了许多专家学者的研究成果,在此一并表示感谢。

由于编者水平有限,加之时间仓促,纰漏和不足之处在所难免,恳请读者批评指正。

编者
2024年5月

第1版前言

加强和改进创新创业教育作为国家实施创新驱动发展战略的一项重大举措，日益成为高等教育综合改革的关键环节，教材是优化创新创业教育培养方案和建设课程体系的重要一环。本书紧扣高职高专学生的实际需要，以培养学生创新创业知识、能力、品质为主线，重点讲授创新创业活动领域基础知识、基本技能与基本方法。作为高职高专院校普及性的基础通识课程，在编写过程中我们重点把握以下几点：

(1) 注重能力培养的实效性。深入分析高职高专学生知识基础、学习能力、专业水平，正确处理理论学习与技能培养的关系，找准学生兴趣点，重点帮助学生提高培养创新创业能力。

(2) 突出教育教学的实践性。教材各章节从创新创业案例入手，在深入分析其成功经验和失败教训的基础上，引出章节的知识构架及其相关内容，最后又回到创新创业的实践操作

(3) 注重教学实施的科学性。作为通识教育课程用书，为不同专业的创新创业教育提供基础的知识与能力，努力做到课堂教学与实践教育相协调，显性的创业技能培养与隐性的创新精神培养相协调，学校的理论教育资源和社会资源相协调。

同时，在教材编写过程中注重运用已有的创业与创新领域的前沿研究成果，贴近高职高专学生日常生活体验进行设计和讲授。课程内容包括绪论、迎接创新创业的新时代、创新创业素养、"互联网+"时代的创新创业、创新创业团队、创业机会的识别与评估、商业计划书、创业风险与融资、管理新创企业9个模块，每个模块包括开场案例分析、知识体系讲授、实践操作练习。通过案例导入的感性认识、到知识体系的理性认识，再到实践操作的实践能力提升，遵循高职学生的认知规律，以期取得良好的教学效果。

本书由陈洪尧、黄丽霞主编并负责统稿。其中陈洪尧执笔绪论，黄丽霞执笔第1章，丁灵妍执笔第2章，华建祥执笔第3章，陆晓莉执笔第4章，陈友益和丁灵妍执笔第5章，黄庆斌执笔第6章，汪秀霞执笔第7章，陈友益和陆晓莉执笔第8章。

在编写过程中，得到了福建师范大学博士生导师廖福霖教授的指导和帮助，参阅吸收了许多专家学者的研究成果，在此一并表示感谢。

由于编者水平有限，加之时间仓促，纰漏和不足之处在所难免，恳请读者批评指正。

编者

2017 年 6 月

目 录

第 2 版前言
第 1 版前言

| 绪 论 | 001 |

第 1 章　迎接创新创业新时代 ········ 008

1.1　全球创新创业新版图 ········ 008
1.2　中国创新创业的 3 次新浪潮 ········ 011
1.3　中国创新创业新阶段的特征与任务 ········ 013

第 2 章　创新创业素养 ········ 017

2.1　创新创业内涵 ········ 018
2.2　大学生创新创业概述 ········ 021
2.3　创新思维 ········ 026
2.4　创业素养 ········ 032
2.5　创业者的素质 ········ 035

第 3 章　数字化时代的商业模式及其创新 ········ 038

3.1　数字化时代 ········ 039
3.2　数字化时代的商业模式 ········ 043
3.3　数字化时代商业模式的创新 ········ 046

第 4 章　创业团队 ········ 049

4.1　创业团队的含义和作用 ········ 050
4.2　创业团队的构成要素 ········ 050
4.3　创业团队的类型 ········ 051
4.4　创业团队的组建 ········ 053
4.5　创业团队的管理 ········ 055
4.6　团队拓展训练的意义 ········ 063

第 5 章　创业机会的识别与评估　064

5.1　创业机会概述　066
5.2　创业机会市场调查　068
5.3　创业项目的挖掘与选择　069
5.4　SPSS 数据处理软件在市场调查统计分析中的应用　073

第 6 章　商业计划书　078

6.1　商业计划书概述　078
6.2　商业计划书撰写　088
6.3　商业计划书的评价　091

第 7 章　创业风险与融资　094

7.1　创业风险控制　095
7.2　创业融资渠道　103
7.3　创业融资决策　112

第 8 章　管理新创企业　121

8.1　新创企业的营销过程　121
8.2　新创企业的财务管理　131
8.3　新创企业的管理　135

参考文献　138

绪 论

> 深化高等学校创新创业教育改革,是国家实施创新驱动发展战略、促进经济提质增效升级的迫切需要;是推进高等教育综合改革、全面提高高等教育质量,促进高校毕业生更高质量创业就业的重要举措;对于推动高等教育教学改革创新,促进高等教育与科技、经济、社会紧密结合,加快培养规模宏大、富有创新精神、勇于投身实践的创新创业人才,为建设创新型国家、实现"第二个一百年"奋斗目标以及中华民族伟大复兴的中国梦提供强大的人才智力支撑具有重要意义。2021年10月,《国务院办公厅关于进一步支持大学生创新创业的指导意见》进一步明确了深化高校创新创业教育改革的指导思想、基本原则和总体目标。作为高等职业院校,如何贯彻落实好党中央的决策和部署?如何真正把创新创业教育融入人才培养体系?作为高职高专学生为什么要接受创新创业教育?学习创新创业知识到底有什么用呢?如何学好创新创业知识?

一、我们正处在一个什么样的新时代

党的十八大以来,习近平总书记站在我国和世界发展的历史新方位上,坚持把创新作为引领发展的第一动力,把科技创新摆在国家发展全局的核心位置,对科技创新发展进行了顶层设计和系统谋划,提出一系列新理念新思想新战略,部署推进一系列重大科技发展和改革举措,使我国科技事业取得历史性成就、发生历史性变革,我国由此进入创新型国家行列。《中华人民共和国国民经济和社会发展第十四个五年规划和2035年远景目标纲要》中指出:"坚持创新在我国现代化建设全局中的核心地位,把科技自立自强作为国家发展的战略支撑,面向世界科技前沿、面向经济主战场、面向国家重大需求、面向人民生命健康,深入实施科教兴国战略、人才强国战略、创新驱动发展战略,完善国家创新体系,加快建设科技强国。"当前,我国经济已由高速增长阶段转向高质量发展阶段,越来越多的优秀年轻人争相创新创业创造,为推动我国经济社会高质量发展注入强劲动力。

1. 迈入创新创业高质量发展的新时代

2023年11月21日,中国科学技术发展战略研究院发布的《国家创新指数报告2022—2023》显示,中国创新能力综合排名上升至第10位,近年来我国创新指标名次在全球范围内不断攀升,顺利进入创新型国家行列。科技是第一生产力、人才是第一资源、创新是第一动力。《中华人民共和国国民经济和社会发展第十四个五年规划和2035年远景目标纲要》中提出:"要激发人才创新活力……优化创新创业创造生态。大力弘扬新时代科学家精神,强化科研诚信建设,健全科技伦理体系。依法保护企业家的财产权和创新收益,发挥企业家在把握创新方向、凝聚人才、筹措资金等方面重要作用。推进创新创业创造向纵深发展,优化双创示范基地建设布局。倡导敬业、精益、专注、宽容失败的创新创业文化,完善试错容错纠错机制。弘扬科学精神和工匠精神,广泛开展科学普及活动,加强青少年科学兴趣引导和培养,形成热爱科学、崇尚创新的社会氛围,提高全民科学素质。"创新发展的理念日益深入人心,各种新产业、新模式、新业态不断涌现,有效激发了社会活力,释放了巨大创造力,成为经济发展的一大亮点。

(1) 推进创新创业高质量发展,将培育和催生经济社会发展新动力

高质量发展是全面建设社会主义现代化国家的首要任务。高质量发展强调创新发展,推动经济发展从要素驱动转向创新驱动,实现新旧动能转换。一是构建新型创新体系,加强应用基础研究等,加速实现新材料、新技术的持续涌现和群体性突破;二是构建新型产业体系,大力发展战略性新兴产业和未来产业,增强我国产业链供应链的竞争力和安全性;三是构建新型市场体系,探索建设新型要素市场、新型产品市场、新型服务市场等,建立符合新质生产力市场规律的新体系;四是构建新型管理体系,完善支持新质生产力发展的各类政策,实现知识、技术、人才等关键要素的良性循环和高效配置等。我国创新能力综合实力的不断攀升,折射出我国经济社会发展蕴藏无穷创新活力和澎湃后劲,也彰显我国创新精神的深厚内涵与强大底气。新时代是创新的时代,要瞄准高质量发展这个首要任务,持续提升综合创新能力和科技创新水平,不断为经济社会高质量发展、造福广大群众注入新动力。

(2) 推进创新创业高质量发展,将扩大就业、实现富民

近年来就业形势严峻,我国每年高校毕业生、农村转移劳动力、城镇困难人员、退役军人数量较多,人力资源转化为人力资本的潜力巨大,但就业总体压力较大,结构性矛盾凸显。随着市场经济的发展,行业要求未来的劳动者不仅要具备从业能力,还必须具备创新创业能力。因此,不断加强创新创业能力是社会主义市场经济对人才培养的要求。推进创新创业高质量发展,就是要通过转变政府职能、建设服务型政府,营造公平竞争的创业环境,使有梦想、有意愿、有能力的科技人员、高校毕业生、农民工、退役军人、失业人员等各类市场创业主体"如鱼得水",通过创业增加收入,让更多的人富起来,促进收入分配结构调整,实现创新支持创业、创业带动就业的良性互动发展。"专业人士"不是天生的,而是在市场中历练培养出来的,推动创新创业高质量发展可以促使众人的奇思妙想变为现实,涌现出更多各方面的"专业人士",让人力资源转化为人力资本,更好地发挥我国人力资源雄厚的优势。人们如今熟知的京东等世界级互联网企业,也都是数年前从草根起家,不断坚持创新从而成功的。

(3) 推进创新创业高质量发展,将激发全社会创新潜能和创业活力

马克思、恩格斯早就提出:"思想本身根本不能实现什么东西。思想要得到实现,就要有使用实践力量的人。"毛泽东也指出:"人民,只有人民,才是创造世界历史的动力。"创新创业教育作为素质教育的创新发展,更侧重于培养学生的社会责任感、创新精神、创业意识和创业能力。创新意识和创新能力是大学生获取知识的关键。在知识经济时代,知

识的增长率加快，知识的陈旧周期不断缩短，知识转化的速度猛增。在这种情形下，知识的接收变得并不重要，重要的是知识的选择、整合、转换和操作。高校创新创业教育通过课堂和实践两大阵地，对学生自身潜力进行极大的开发和挖掘，弘扬"敢为人先、追求创新、百折不挠"的创业精神，厚植创新文化，不断增强创业创新意识，使创业创新成为全社会共同的价值追求和行为习惯，从而促进学生全面发展。

2. 创新创业高质量发展为社会带来深刻变革

科技创新从未像今天这样深刻地影响着中国社会。从以跟踪为主到跟踪和并跑、领跑并存，从量的积累到质的飞跃、点的突破向系统能力的提升……科技创新的磅礴力量不断汇聚，推动中国在新一轮科技革命和产业变革中实现弯道超车。在全面深化改革的征途上，推进创新创业高质量发展，是中国发展的动力之源，也是富民之道、公平之计、强国之策，广阔前景值得期待。建设创新型国家自提出后就一直是我国经济发展战略的重要核心，中央一系列重要讲话和文件制度的出台，对完善创业环境、优化财税政策、搞活金融市场、扩大创业投资、发展创业服务、建设创新创业平台、激发创业主体活力、拓展城乡创业渠道等进行了全方位部署，正在转化为具体的政策措施，对创新创业起到积极推动作用，为当代大学生参与创新创业提供了可能。

（1）简化政府行政职权和商事制度，降低了创新创业门槛和成本

2014年以来，国务院相继取消和下放了大量行政审批事项，在进一步深化"放管服"改革中，全部取消非行政许可审批；资质资格许可认定和评比达标表彰事项大幅减少，大量前置审批事项改为后置审批；工商登记注册方面实行"先照后证"，推广工商营业执照、组织机构代码证、税务登记证"三证合一"和"一照一码"，放宽新注册企业场所登记条件限制，让工商登记变得更加方便、容易。随着简政放权、深化商事制度改革等一系列政策措施落实，市场主体准入更加便捷，创业活动更加活跃，创造出更多社会就业机会，成为经济运行的"稳定器"。

（2）支持创新创业主体多元化，形成创新创业持久动力

当前，我国社会涌现出科技型企业、科技工作者、离职创业人员、刚毕业的大学生、出国留学或工作的归国人员、返乡农民工等多元创新创业主体。这些主体开展创新创业有多方面的动力，包括信息技术的支撑力、创新驱动发展战略的推动力、政府多策并举鼓励创新创业的拉动力等。多元创新创业主体具有各自的优势和特点。其中，出国留学或工作的归国人员带来很多可借鉴的国外先进理念和方法，返乡农民工则给农村地区带去急需的专业技术和资金等。此外，越来越多在一线城市创业成功的人士返回家乡，以众筹项目领投人等身份开始新的创业。政府针对科研人员、大学生、境外海归人才等创新型人才的创业需求，从激发创造创新活力的角度，提出了更有效、更具可操作性的支持政策；而对于以农民工为主的社会人员的草根创新创业，提出"拓展城乡创业渠道，实现创业带动就业"的支持政策，推动创新创业与就业协调互动发展。

（3）建设创新创业平台，为创新创业提供成长的沃土

国务院发布的《关于发展众创空间推进大众创新创业的指导意见》提出，发挥多层次资本市场作用，为创新型企业提供综合金融服务，开展互联网股权众筹融资试点，增强众筹

对大众创新创业的服务能力，通过为创新创业者提供低成本的工作空间、网络空间、社交空间和资源共享空间，提供更高层次服务，促进大众创新创业；国务院出台的《关于加快构建大众创业万众创新支撑平台的指导意见》要求建设基于互联网等媒体形式下出现的众创、众包、众扶、众筹等支撑平台的具体措施。这些政策措施在更大范围、更高层次、更深程度上推进大众创业、万众创新，成为创新创业成长不可缺少的条件。

（4）加大鼓励、保护创新创业政策力度，营造良好的社会环境

国务院及各部门纷纷出台了鼓励创新创业的政策措施，如开展公开小额股权众筹融资试点、支持保险资金参与创新创业的金融融资支持政策，落实科技企业孵化器、大学科技园、研发费用加计扣除、固定资产加速折旧的税收优惠政策等，助力创新创业的发展。同时，加大对合法创新创业权益的保护力度，推出保护商业模式等新形态创新成果的知识产权新政，完善知识产权快速维权与维权援助机制，加大对反复侵权、恶意侵权等行为的处罚力度等，为创新创业者营造一个优质、高效、便捷、公平的创新创业环境。

3. 创新创业高质量发展的未来方向是什么

随着全球化进程的加速和科技的持续进步，随着科技与信息的繁荣，我们正处于一个跨时代的交叉点，一个既继承了工业化遗产，又充分融合了数字经济特色的时代。当前，新一轮科技革命和产业变革正在深度发展，数字经济、人工智能、量子计算等新兴前沿领域为我国科技创新提供着广阔空间，也为我们实现从后发技术追赶到超前技术引领提供了可能。站在新的起点上，一方面，我们要继续支持创新、鼓励创新、参与创新，以科技创新推动产业创新，特别是以颠覆性技术和前沿技术催生新产业、新模式、新动能，发展新质生产力；另一方面，也要加强国际科技合作，在开放学习、交流互鉴基础上，夯实基础研究、应用基础研究的底座，着力突破关键核心技术，加快实现高水平科技自立自强。正如习近平总书记2021年4月在广西考察时指出："高质量发展，创新很重要，只有创新才能自强、才能争先，在自主创新的道路上要坚定不移、再接再厉、更上层楼。"

2021年10月，国务院办公厅印发《国务院办公厅关于进一步支持大学生创新创业的指导意见》，明确了鼓励高校大学生创新创业的总体要求、组织开展大学生创新创业教育和各项具体支持措施。积极推进大学生创新创业教育，是高等教育改革发展的必然要求，是全面贯彻党的教育方针、落实立德树人根本任务的必然要求，是创新型人才培养机制、推进素质教育、不断提升大学生就业竞争力和可持续性发展潜质的重要举措，符合时代潮流，符合国家战略需求。我国高等教育要提高办学质量，就要培养适应经济社会发展需要的各类中高级人才；要为每一个大学生的全面发展打下坚实的基础，就必须开展创新创业教育。通过创新创业教育可以让大学生获得基本的创业知识，提高创新创业能力，同时使毕业生具备职场竞争力，既可以找到适合自己的工作岗位，又可以进行自主创业从而实现人生价值。

二、高职高专学生能否创新

创新教育是提升人才培养质量的一个重要课题。曾有人对高职创新教育质疑，认为高职就是培养一线的工人，哪里需要创新教育，能创新吗？

1. 高校在创新型人才培养中如何定位

十年树木、百年树人，一个人的成长成才，不可能一蹴而就，既要有知识的储备，又要有实践的历练，还会受到各种因素的影响。要求所培养的学生在大学学习阶段就成为创新型人才，是不现实的。

（1）创新型人才的成长具有一定的规律性

人的生理、心理发展过程决定了人成长的阶段性特征，不同成长时期的能力发展、感应刺激、接受信息的表现存在差异。大学生年龄普遍在20岁左右，正是接收新知识、新理论、新思想的黄金时期，是创新型人才素质积累的起步阶段。大学如果不能恰如其分地定位，而是提出一些不切实际的目标，采用拔苗助长的办法，虽然可能一时轰轰烈烈，但违背了创新型人才的成长规律，破坏了创新型人才健康成长的生态环境，就可能会走向主观愿望的反面，对学生的成长造成极为不利的影响。

（2）创新型人才成长受主客观因素的影响

创新型人才的成长过程是一个复杂的系统，受到错综复杂因素的影响，既受到学生个人因素的影响，也受到学校教育、社会形势、家庭环境因素的影响。大学在培养创新型人才中的作用，应该是为广大学生将来成长为创新型人才创造一个良好的氛围和环境，为他们今后的成长和发展打下一个良好、坚实的基础。

2. 高职高专院校能否培养创新型人才

培养创新型人才是时代对大学提出的新要求，是当下社会对大学的普遍期待。但创新型人才的培养是一项极其复杂、极具挑战性的系统工程，有人认为培养创新型人才是普通高等院校特别是国家"双一流"大学的责任，高等职业院校是否也会或也需要培养创新型人才？高职学生自己是否有信心成为创新型人才？答案无疑是肯定的。

人人都具有创造的潜能，这是人的本质属性所决定的。恩格斯说："思维着的精神是地球上最美丽的花朵。"这种"思维着的精神"就是人的智慧，其最高表现形式即创造性。人通过自己的劳动能动地认识世界、改造世界，在此过程中不断发现问题、解决问题，不断实现发明创造，因而人的发展最根本的就是人的创造性的发展。

培养创新型人才是教育的职责。新修订颁布的《中华人民共和国高等教育法》第五条规定，高等教育的任务是培养具有社会责任感、创新精神和实践能力的高级专门人才，发展科学技术文化，促进社会主义现代化建设。开发挖掘人的潜能，发展人的创造性是法律赋予高等教育的一项最为重要的任务，无论什么类型的高校，都应该把培养创新型人才作为根本职责和价值导向。新修订颁布的《中华人民共和国职业教育法》指出：职业教育是与普通教育具有同等重要地位的教育类型，是国民教育体系和人力资源开发的重要组成部分，是培养多样化人才、传承技术技能、促进就业创业的重要途径。

3. 创新型人才培养是面向个体还是全体

推进教育公平的根本在于保障每一个人公平的发展权，从促进学生发展的角度讲，大学创新型人才培养不能仅以少数学生为对象，不能仅限于本科学生，而应面向所有大学生。

创新是每个人的天性。马克思指出，人是"能动的自然存在物""有意识的类存在物"，创造性是人的本质属性之一，是人应有的一种生存状态，是每一个人而不只是少数尖子才需要具备的，只有在深厚的、普遍的人的创造性的基础上，才能使优秀的拔尖创新型人才脱颖而出，所以创新教育首先应该是面向全体学生的教育。

创新不是少数人的专利。无论是企业生产一线、田间地头的技术革新能手，还是科学技术领域的发明创造者、基础科学领域取得重大发现的科学家，都应属于创新型人才。创新不是哪一个领域或哪一类人的专利，更不是少数人的专利，任何一个行业都会有相应的创新型人才，应用技术型人才成长过程中同样需要培养创新素质、创新能力和创新精神。

4. 高职高专学生应该具备哪些创新素养

目前，尽管理论界对应用型创新型人才的定义和观点较多、各有侧重，但基本共识是，"知识、能力、品格"协调发展是应用型创新型人才培养的目标。从知识结构上看，除注重基础专业知识的传授和实践应用方法的训练外，还必须重视应用型创新知识结构的构建，引导学生了解掌握本行业、本专业发展动向、发展瓶颈和社会需求，把创新理论、创新方法、创新技能、创新策略列入创新创业教育的核心课程，帮助学生懂得如何开展创新活动。从能力结构上看，应用能力是基础，创新能力是关键。要强化对学生的观察力、想象力、研究力的训练，培养学生分析问题、解决问题的能力。从品格结构上看，不仅要培养学生的责任感、使命感和吃苦耐劳、团结协作、精益求精的品格，更要培养学生强烈的好奇心、探究欲望和敢于质疑、敢于向权威挑战的大无畏精神。作为高职学生，应该重点考虑如何提升自己的能力，这种能力主要指知识综合应用能力、应用开发能力和掌握新技术的能力。学校要引导学生真正参与到工作岗位和工作流程中，以综合实训为手段，以实际项目为载体，以教学改革为突破，以严格管理为保障，达到真实训练的效果。

三、创新创业教育能为学生未来的发展做哪些准备

创新创业教育是为了使每个人都成为创业者吗？当然不是，不是要求每个人都辞职创业、一心想着创新，不是每一个人都适合创新创业。布罗克豪斯认为："教一个人成为创业者，就如同教一个人成为艺术家一样。我们不能使他成为另一个梵高，但是我们却可以教给他色彩、构图等成为艺术家必备的技能。同样，我们不能使他成为另一个布朗森，但是成为一个成功的创业者所必需的技能、创造力等却能通过创业教育而得到提升。"我国高校开展创新创业教育，目的不是让每个学生都去创业，而是培养学生的创新精神和创业能力，使其在未来的事业发展过程中具备独立发展与抗击风险的能力。创新创业教育作为一种新的教育理念和教育目标，关键在于强化对大学生创新创业精神、创新创业意识和创新创业能力的培养，使其能够独立自主地发现问题、解决问题，进而构思新观点、创造新价值，成为我国高素质、高创造力的社会主义现代化建设者。

1. 塑造创新创业精神

创新创业精神是创业者激情和动力的源泉，是把职业要求内化为信念、道德和心理的力量。那么，创新创业精神从何而来呢？管理学大师彼得·德鲁克认为，创新与企业家精神既不是天生禀赋，也不是灵感或灵光乍现，它必须通过教育和培训有意识地培养。因此，大学

生创新创业精神的培育不仅需要一种以人为本的、开放的、积极向上的态度，还需要有明确的内容和目标、有效的方法和手段、切实可行的实施计划以及环境支持和条件保障等。

当代大学生群体充满朝气和热情，对创业活动有着浓厚的新奇感和兴趣，加之接受过系统的高等教育，具备较丰富的理论知识和较强的专业知识，具有较强的创业动力与创业优势，是比较理想的创业后备军。当然，开展创新创业教育，既不是仅仅培养学生创办企业的能力，也不是要让所有的学生都去创业。无论是教师还是学生，对于创业都应该有更加广义的理解，并非开公司才叫创业，在一个公司里，开拓一项新的业务或填补市场空白，也是一种创业。

2. 强化创新创业意识

创新创业教育不等同于就业指导，也不是塑造精英，而是培养大学生创新创业素养，特别是创新创业意识。当前，我国大学生的创新创业意识普遍不高，多数大学生对自己的创新创业能力持不确定的评价，其主要原因是大学生普遍缺乏对创新创业的正确认识。有些大学生认为眼下的主要任务就是学习，创新创业是参加工作以后的事情，从思想上把学习与创新创业分离开来。还有些学生给创新创业披上了神秘的面纱，认为以自己目前的知识水平根本不可能进行创新创业。这些观点都可能贻误学生自我创造的最好时机。其实，创造力人皆有之，并渗透在每个人学习、生活和工作的各个领域，只要不拘成法、不与人雷同，能独立自主地思考与解决问题就可视为创造力的表现。在大学教育阶段应该从观念上消除学生这种狭窄的本分观，打破创造的神秘感，增强学生的自信心，使学生深刻感受到创造可以体现在自己的学习、工作、生活等各个方面，并使之以全新的观念审视自己，意识到自己所拥有的丰富创造力。

3. 培养创新创业能力

长期以来，我国的高等教育一直以培养就业型人才为目标，要求学生被动地适应社会。更多强调对知识的记忆、模仿和反复练习，忽视对知识的再发现和培养学生的批判思维能力。随着大众创业、万众创新时代的到来，教育理念发生了重大的调整和变革，学校必须实现由就业型人才向创业型人才培养目标的转变，把适应能力和变迁能力作为学生的核心能力。学生要自觉培养好奇心、想象力和批判性思维能力，培养"解释、反解释、重新解释、反对性解释"思维方式。人只有质疑才能将思考引向深处，它既是思想的起点，也是创造发明的源泉。沃伦·贝格尔在《绝佳提问》一书中写道：能提出一个"美丽问题"非常重要，也是非常幸运的。然而，当我们面对难题时只问"为什么"，而没有任何后续的提问、思考和再提问的过程，就只能陷于抱怨和呻吟。在大量研究的基础上，贝格尔提出"为什么—如果—怎样"的探索过程，这种切实可行的步骤可以让我们更高效地质疑工作和生活中的事情，也可以让我们不断在提出问题的过程中找到问题的答案。

总之，"大众创业，万众创新"的时代赋予我们责任，也给了我们机遇。作为当代大学生，应该积极投入创新创业时代浪潮，自觉学习掌握创新创业领域的基础知识、基本技能和思维方法，并在学习中理解创新创业的内涵、掌握创新创业本领、感悟创新创业精神、提高创新创业激情，这正是本教材编写的出发点和落脚点。

编者
2017 年 6 月

第1章 迎接创新创业新时代

> 【案例】
>
> **数字生活融入寻常百姓家**
>
> 2021年12月12日国务院印发的《"十四五"数字经济发展规划》提出,要以数字化转型驱动生产方式、生活方式和治理方式变革。福州是我国第三批数字人民币试点城市,近年来一直大力推进数字惠民服务。
>
> 为迎接第五届数字中国建设峰会,福州向在榕人员发放20万个数字人民币红包。2022年7月18日,通过摇号,许多福州人获得100元数字人民币红包。这些红包,可在超9000个商户中零门槛、分次使用,涵盖了市民生活的大部分场景。同时,福州市在上下杭、西湖公园等地陆续布设了多个数字化体验场景,项目包括机器人充电桩、无人清洁船、炒菜机器人、量子云码防伪等,让市民感受贴近生活的数字化技术。此外,还将拓展数字人民币在财税领域、城市服务、普惠金融、"一带一路"等场景的服务。
>
> 目前,福建省"互联网+社会服务"应用不断拓宽,已建成省级教育、民政等公共服务平台,推广医学检验检查结果共享互认、电子健康码多码融合等"互联网+"应用,持续提升"一部手机全福游"App和数字体育服务平台。越来越多的数字化成果正应用于民生领域,让老百姓切实体会到科技进步带来的获得感。未来福建省将加快打造高效协同的数字政府,聚焦惠民利民,建设更加包容、友好、安全的数字社会。同时,进一步健全完善数据资源制度体系,加快公共数据资源有序开放和开发利用,培育数据市场主体,推进公共数据资源化价值化进程。"

思考与启示:福建省传承弘扬习近平总书记关于数字福建建设的重要理念和重大实践,高职院校学生如何理解"创新驱动新变革、数字引领新格局",寻找创新创业机会?

1.1 全球创新创业新版图

1.1.1 科技起飞对创新创业的巨大推动

从全球范围来看,科技起飞带来了全球创新创业活动的蓬勃发展。科技起飞是全球经济合作组织定义的关于科技发展的一个概念,是国家技术创新能力发展过程中的一种历史现象，发生在技术发展阶段的第一阶段末期。一个国家投入到创新活动的研发（R&D）经费支出占国内生产总值（GDP）的比重（以下简称 R&D/GDP），即 R&D 经费投入强度在 1%～2%时，这个国家的创新创业活动会特别活跃，这个阶段就叫科技起飞阶段。它是指一国的研发经费投入强度的比重达到 1%后，在 10 年或更短时间内将达到 2%。研究美国、德国、法国等西方发达国家和日本、韩国这样的新兴工业化国家的研发经费投入强度的时间序列数据后发现，美国、法国、德国等发达国家的研发经费投入强度经历了由低到高的发展过程，新兴工业国家日本、韩国则以很短的时间由低强度跨入高强度国家行列。而技术发展处于使用阶段时，研发经费投入强度始终在低于 1%的水平徘徊，一旦达到 1%后，便可以在较短时间内达到 2%。美国是在 20 世纪 50 年代达到科技起飞，德国和法国大概是在 20 世纪 60 年代，日本和韩国分别是在 20 世纪 70 和 80 年代达到了这个阶段。这些国家一旦达到了科技起飞阶段，对社会有什么影响呢？在这个阶段，创新和创业活动会在社会中普及开来，然后推动一些创新和创业的企业迅速扩张，使得开展创新和创业活动的人和活动扩散到社会生产与生活的方方面面。

任何一个国家在科技起飞阶段，社会上的创新会普遍地扩散开来，成为每个人都能够做的，而且都愿意通过创新来赚取利润的一个阶段。这是经济合作与发展组织（OECD）国家在发展中得出的经验。

中国是什么样的状况？我国的研发经费投入强度在 2000 年历史性地达到了 1%，从指标看，在 2000 年我国进入了科技起飞阶段，2001 年，该指标达到 1.1%，比上一年增长了 10%。对比 2000 年前后的研究开发投资变化，我们可以看到，在此之前，研究开发投入占 GDP 的比重长期在低于 1%的水平。但是，在达到 1%以后的 2001 年，该指标已经表现出迅速增长的趋势。2002 年，我国的人均 GDP 达到 1000 美元，从经济发展水平看，经济实力的增强能够支持技术创新上的更大投入。哪怕在全球经历金融危机的时候，欧洲国家在 R&D 经费投入一度停滞的情况下，我国还在加大投入。所以，关注全球创新活动的研究者都把中国看作一个重要的、值得关注的研究对象。

1.1.2　全球创新创业的重要评价指标和评价活动

（1）全球创新指数

全球创新指数（global innovation index，GII）指通过使用推动创新、增加作为创新活动成果的产出等多个因素，衡量各国如何从创新中受益的一个指标。GII 共设 5 个投入参数（机构、人力、常用与 ICT 基础架构、市场复杂度和业务复杂度）以及两个产出参数（科学与创新成果、健康要素）。全球创新指数通过评估制度和政策、创新驱动、知识创造、企业创新、技术应用与知识产权等，帮助企业领袖与政府决策者了解提升一国竞争力可能面临的缺失与改进方向，以及以人力技能来衡量一个经济体广泛的经济创新能力。全球创新指数不同于传统的创新指标，是通过评估制度和政策、基础设施、商业和市场的成熟度以及人力技能来衡量一个经济体广泛的经济创新能力。世界知识产权组织发布的《2021 年全球创新指数报告》显示，瑞士连续第 11 年位居榜首，瑞典、美国、英国、韩国分列第 2 位至第 5 位，中国排名第 12 位，较 2020 年上升两位。

(2) 全球创业观察

全球创业观察 (global entrepreneurship monitor, GEM) 是由国际著名的英国伦敦商学院和在创业教育全美排名第一的美国百森学院共同发起并成立的国际创业研究项目。该项目在国际的创业研究和教育上享有盛誉。2008 年，参加 GEM 项目的国家和地区有 43 个。中国加入 GEM 后，参加 GEM 的国家和地区人口总数已经占世界人口总数的 62%，GDP 占世界总数的 92%。GEM 研究报告受到了广泛的关注，已成为各国认识创业活动、环境、政策等创业问题的重要信息来源。全球创业观察表明：中国创新创业活动活跃程度非常高；中国创业者对自己的创新创业活动的未来预期非常高；中国的创新创业活动是基于本土的，适应不断增长的经济发展形势，主要依靠不断增长的市场来驱动。

1.1.3　全球创新创业新形势

当今世界正经历百年未有之大变局，新一轮科技革命和产业变革深入发展，国际力量对比深刻调整，全球科技创新发展的中长期态势也在发生重大变化。党的十九届五中全会强调，"坚持创新在我国现代化建设全局中的核心地位，把科技自立自强作为国家发展的战略支撑"，要求"面向世界科技前沿、面向经济主战场、面向国家重大需求、面向人民生命健康"，加快建设科技强国。对此，需深刻研判全球科技创新趋势，立足于我国科技创新发展实际，下好先手棋，力争在国际格局深刻调整中赢得主动权。

把握全球科技创新趋势为我国中长期科技发展探寻路径。在制定新一轮中长期科技发展规划过程中，准确把握全球科技创新发展态势，至关重要。当前，一些全球科技创新的重要趋势值得重视。

① 数字技术革命处于导入期后半段，或将推动全球在 2030 年前后进入新一轮繁荣周期　大数据、物联网、人工智能、区块链等数字技术仍处于技术爆发阶段，距离大规模扩散应用还需一段时期。这些新兴数字技术展现出的良好发展前景，吸引了大量投资，多元化的技术路线和商业模式探索陆续开展，一批掌握前沿技术并创造了新商业模式的企业快速涌现。但总体上看，新技术发展尚未完全成熟。目前，数字技术革命处于向大规模应用过渡的导入期后半段，此阶段将持续 10 年左右，之后进入展开期，技术将向经济社会广泛扩散并释放其对经济增长的推动作用，预计在 2030 年前后才有可能拉开进入新一轮繁荣周期的序幕。

② 数据成为关键生产要素和战略性资源，科技创新和生产对数据的依赖程度将越来越高　新兴数字技术大幅降低了数据流通和利用的成本，也促进了对数据资源价值的发掘。数据资源产生并扩散到经济社会各领域，有助于生产率的提升；其作为新的关键生产要素，也有助于减少传统要素投入。越来越多的设备与网络建立连接，生产对数据的依赖程度在不断上升。科学技术发展也呈现出明显的大科学、定量化特点，创新将越来越依赖科学数据。随着数据逐步成为企业、产业乃至国家的战略性资源，数据驱动的技术研发和应用创新能力将直接影响一国的长期竞争优势。与此同时，数字增加值在价值链中所占比重将显著提升，仅依靠低成本劳动要素参与全球价值链的国家和地区或将受到冲击。

③国际创新格局正在重塑，世界创新重心逐步向东转移　随着全球经济重心由欧美发达国家向新兴经济体转移，以欧美发达国家为主角的全球创新版图也相应发生变化，部分研发和创新活动逐渐向新兴经济体转移。这一趋势自进入 21 世纪就已经出现，未来还将延续。随着科技创新投入的不断增加，新兴经济体的创新能力大幅上升，发达国家的领先优势相对下降。亚洲成为全球高端生产要素和创新要素转移的重要目的地，特别是东亚将成为全球研发和创新密集区，未来很可能产生若干具有世界影响力的创新中心。

④开放创新深入发展，创新生态的重要性日益凸显　数字技术进步推动了世界更大范围、更深程度的"连接"，提升了创新资源的流动性和可用性，使得创新要素和资源更易于被获取，创新创业门槛降低，产业组织和社会分工持续深化。以用户为中心、多元主体参与、在更大范围合作的开放式创新蓬勃发展，众包众创、协同创新、参与式创新等新模式不断涌现。自下而上的创新机制逐步凸显，研发活动的合作也将不断加强。同时，能否构建良好的创新生态，成为集聚整合创新资源、提高创新效率的关键。

⑤科技全球化面临技术竞争加剧等挑战，但国际科技合作仍有巨大潜力　知识的全球传播、扩散和国际科研合作是科学全球化最主要的表现形式，这一趋势难以逆转。特别是新一轮技术革命方兴未艾，国际科技交流与合作的需求更加紧迫，创新全球化的趋势不会发生根本性改变，但前沿领域的技术竞争将更加激烈。同时也要看到，国际科技合作始终是应对人类共同挑战、把握新技术革命和产业变革红利的重要途径。在新兴经济体对科技合作需求持续上升的背景下，国际科技合作的新空间将不断拓展，更加多元化的开放局面正在形成。

⑥全球科技治理体系影响凸显，新兴经济体将面对更高的国际规则要求　全球性规则与议事制度对创新活动的影响日益加深，公平竞争、协同发展成为全球创新治理的演变趋势。在技术贸易领域，世界贸易组织(World Trade Organization，WTO)相关规则特别是《与贸易有关的知识产权协定》对知识的全球流动起着重要的规制作用。国际标准对新兴技术创新方向与产业竞争的影响也日趋重要。同时，新技术引发了包括公平竞争、税收制度、社会伦理、网络安全等一系列新问题，迫切需要各国制定各领域协同发展、应对挑战的相关规则。在此背景下，不断增强创新政策对国际规则的协调性和适应性，成为新兴经济体参与全球创新网络的必然选择，增强创新政策的国际化程度，也是新兴经济体融入全球创新网络的必然选择。

⑦部分关键领域或将形成多元化技术和标准体系　主要经济体之间的科技竞争趋于长期化，出于战略和安全考虑，主要经济体已经开始在关键的数字技术领域谋划自己的技术标准体系，未来全球在数字技术部分关键领域的技术和标准体系或将呈现多元分化态势。

1.2　中国创新创业的 3 次新浪潮

改革开放以来，我国经历了 3 次创新创业浪潮，第一次是 1978 年党的十一届三中全会以后，以创办乡镇企业、城镇个体户和私营企业为特征的"草根创业"；第二次是 1992 年邓小平同志"南方谈话"以后，以下海经商为特征的创业浪潮；第三次是进入 21 世纪后，随着互联网技术、风险投资以及资本市场的发展，以互联网新经济为特征的创业。

1.2.1 第一次浪潮

第一次创新创业浪潮是在十一届三中全会召开后的"草根创业"时期，标志性的年份是1984年。1984年是中国由农村改革转向城市改革的第一年，之前我国几乎是完全的计划经济体制。政府计划不仅要管理企业的人、财、物、产、供、销，还要管理居民的生老病死。例如，如果居民要买米，光有钱不行，还得有粮票，有了粮票才能在指定的日期去粮店里买米。当时有些城市还分了米票和面票，米票不能买面，面票不能买米，一个家庭一年可以买多少米面都是政府计划好的。企业也一样，生产计划由政府下达，生产原料由政府调拨，产品由政府分配。例如，企业生产鞋子，生产出来的鞋子由政府的计划来决定分配到哪里。随着社会的不断发展，计划经济模式已不能完全适应广大人民群众日益增长的物质和文化需要，社会上出现了物资短缺的现象。1984年十二届三中全会通过了关于市场经济体制改革的决定，第一次提出了要在城市进行经济体制改革，这一年也被视为中国的企业家元年。

1.2.2 第二次浪潮

1992年邓小平南方谈话以后，中国形成了以下海经商为特征的创业浪潮，即中国创新创业的第二次浪潮。第一次创业浪潮以后，由个人创办的市场化的企业依然是国有，个人依然不能创办企业，江浙一带的民营企业也必须找一家集体企业来挂靠。因为个人不能办企业，所以资源就不太可能在民营的企业里顺畅地流动。这种形势在1992年发生了根本变化。党的十四大报告确定我国经济体制改革的目标，第一次提出我国改革的总体目标是建立社会主义市场经济体制。1992年，国家体改委出台了两个重要文件，一个是《有限责任公司规范意见》；另一个是《股份有限公司规范意见》。在这两个规范意见中，允许个人通过投资入股的方式成为股东创办企业。同时股票市场开始发展，深交所决定通过公开摇号的方式，向公众发售股票，以中签表的形式进行。同时创业者可以通过挂靠的方式离开原来的国有体制创办企业，人员的流动增加了，在这样两股力量的驱动下，许多人下海办企业。这些人大多受过良好的教育，熟悉中国的经济体制，此时涌现了一大批的企业家。

1.2.3 第三次浪潮

中国创新创业的第三次浪潮是进入21世纪后，伴随互联网技术、风险投资以及资本市场的发展，出现了以互联网新经济为特征的创业形式。2000年第三次创业浪潮来临之前，创办企业变得容易了，但是因为创办企业投入资金较多，门槛还是相对较高的。从1996年开始中国社会随着改革开放的进程出现了两股重要的力量，第一个是信息技术的全球化发展，出现了互联网，以1996年网景（Netcape）在美国纳斯达克上市为标志，在美国市场出现了一大批高科技的互联网公司，如美国在线、雅虎、网景等都在美国上市，在美国掀起一股互联网创业的浪潮；同时，由于中国改革开放的速度加快，这股浪潮涌入中国。同时期有大批的在美中国留学生回到中国，带来了在美国市场上流行的互联网业务科技模式，他们尝试把美国成功的业务模式搬到中国进行试验，在中国创立互联网企业。这批创业者有亚信科技的创始人丁健、搜狐的创始人张朝阳、新浪的创始人王志东、网易的创始人丁磊。在这次创业浪潮中，有国外背景的风险投资，不仅带来了资金本身，还开启了将新创办企业带到国外上市的通道。

1.3 中国创新创业新阶段的特征与任务

1.3.1 中国创新创业新阶段的特征

中国创新创业新格局的演变有着深刻的历史原因。从世界范围看，科技革命推动产业变革，创新驱动大势所趋，正在出现的全球新一轮科技革命和产业变革，与中国加快经济发展方式转变形成历史性交汇。

中国经济正步入一个动力切换、结构转变、阶段更替和风险释放的关键时期。随着人口红利减少、生产要素成本上升、资源配置效率和要素供给效率下降，传统数量型扩张的经济模式已难以支撑如此庞大的经济体量实现高速增长，特别是当今技术创新已进入大数据、云计算、物联网、移动互联网的时代，经济发展进入以颠覆性技术创新为主导的新的历史阶段。

在新阶段，"创新红利"的作用将远远超过历史上任何一个时期。2015年，政府工作报告首次将大众创业、万众创新（双创）上升到国家经济发展新引擎的战略高度。围绕"双创"，国家相继出台了《国务院办公厅关于发展众创空间推进大众创新创业的指导意见》《中共中央、国务院关于深化体制机制改革加快实施创新驱动发展战略的若干意见》《中国制造2025》《国务院关于大力推进大众创业万众创新若干政策措施的意见》《关于积极推进"互联网+"行动的指导意见》《促进大数据发展行动纲要》等一系列文件，各级政府从企业登记、风险投资、融资、税收等方面出台鼓励政策，为创新创业"松绑"。

在新阶段科技创新的"新引擎"正在加速发力。随着互联网、大数据、移动互联网等新一代信息技术的大爆发，创新门槛大幅降低，草根创新、蓝领创新、快捷和低成本创新活动大量涌现，新产品、新业态、新商业模式层出不穷，创新创业的主体多元化，在众创、众包、众扶、众筹等新模式推动下，创新边界和空间大为拓展。主要体现为：一是双创主体多元化，精英创业联动创新，草根创业带动就业；二是双创体系生态化，顶天立地的科技大企业引领，铺天盖地的小微企业孵化发展，一些地方成为创业创新型人才的"栖息地"；三是双创高度网络化，互联网线上与线下共创众创，基于互联网创业创新蔚然成风；四是双创关键在"创"，核心在"众"，众创、众包、众筹等新的商业模式、管理机制、投资模式多方面创新相互交织。

步入新时代，我国创新创业事业蓬勃发展，创新创业高质量发展态势已经形成，主要表现在以下6个方面：

(1) 带动就业持续增长

双创催生的各类企业主体的持续增长提供了更多就业岗位。不仅如此，各种创新型业态的产生还催生了一些新的就业形态和灵活就业方式，如网络直播、区块链工程师、新型家政人员等。

（2）创新创业引领科技自立自强

通过加大对科技研究和试验发展的经费投入，促进科技创新与产业的深度融合，提高科技成果转化效率，助力产业基础能力和产业链现代化水平提升，助力经济高质量发展。2020年国家对研究与试验发展经费的投入达到24426亿元，科技进步贡献率达到60%。

（3）改革激发创新创业创造活力

国家持续深化"放管服"改革，不断推进优化营商环境改革举措，充分释放市场主体的创新创业动能。伴随着我国高技术产业的飞速发展，我国在国际的各项影响力也在稳步提高。

（4）创新创业助力构建新发展格局

2020年传统经济加速转型，实体经济数字化转型步伐加快，工业互联网发展进入快车道，工业互联网平台呈现百花齐放的发展态势。以高技术、智能化、柔性化为代表的先进制造业不断壮大，基于平台的制造业生态体系日趋完善。2020年我国高技术制造业规模保持较快增长，高技术制造业占规模以上工业增加值比重也创历史新高，达到17.8%。高技术产业的快速增长为强化国内大循环、促进国内国际双循环提供了良好的条件。

（5）双创平台支撑创新创业高质量发展

2020年区域示范基地带动作用进一步加强，各类双创平台对创新创业形成合力支撑，包含全国343家国家小型微型企业创业创新示范基地、5843家科技企业孵化器、212家全国双创示范基地、585个国家中小企业公共服务平台、8507个众创空间、115个国家大学科技园。

（6）创新创业提升中国国际影响力

2017年，联合国大会将中国双创写入联合国决议，旨在呼吁世界各国支持大众创业、万众创新。自2017年以来，超过100场海外双创周活动已在29个国家50多个城市成功举办，受到当地创业者和产业界的热烈响应。

随着中国创新创业政策的不断落实、营商环境的持续优化以及经济贸易情况的蓬勃向好，中国在国际影响力的各项指数都有显著上升。创业生态系统城市排名中，北京和上海也以强劲增幅分列第3位和第7位。

然而，与全球主要发达国家相比，我国的创新水平仍有较大差距，创新驱动在经济增长中的贡献仍较低，经济增长模式仍处于"要素驱动"和"投资驱动"并存阶段，创新创业的制度环境仍需较大改善。

1.3.2 中国创新创业新阶段的任务

当前中国在创新发展的过程中仍然存在许多深层次的问题：创新创业体制机制与创新创业的快速发展实践不相适应，存在创新创业生态不够完善、科技成果转化机制尚不健全、大中小企业融通发展不充分、创新、创业国际合作不够深入以及部分政策落实不到位等问题。必须博采众长，树立全新的经济发展观和创新思维，持续完善国家创新创业体系，做好战略部署和顶层设计。所以，有必要把创新摆在国家发展全局的核心位置。

(1) 持续强化创新创业战略的顶层设计和科学布局

中国可借鉴发达国家的政策制定经验，尽量避免创新创业政策的"碎片化"倾向，明确创新创业战略中长期发展目标、整体布局、重点任务、行动规划，加强各项政策与规划的协调配合，进一步健全和完善科技、产业、财政金融、教育、人才、知识产权等政策体系，形成促进创新创业的体制架构。同时，充分利用全球创新创业资源，实现开放式创新，以中英、中德、中韩等创新合作平台对接为契机，共同开拓第三方市场，全面融入全球创新网络体系。

(2) 将人才作为国家竞争力的核心要素

无论是美国、日本、德国等发达国家，还是巴西、印度等新兴经济体，都把人才战略作为立国战略，靠人才创新打造国家核心竞争力。相比而言，我国目前妨碍创新型人才成长和流动的壁垒依然存在，人才的创新创造活力受到体制机制的抑制和束缚。因此，必须制度创新先行，打破束缚生产力的条条框框，使各类创新型人才在企业、高校、科研机构流动起来，打通科研和市场的"旋转门"，使创新资源从实验室流向市场，把更多科技成果转化为现实生产力。要择天下英才而用之，在全球创新网络的思维框架下，促进国际高端人才加速向中国流动和聚集，释放创新型人才红利，在更加激烈的全球创新竞争中实现追赶和超越。

(3) 完善国家创新基础设施建设

作为国家基础设施重要组成部分的创新基础设施，既是创新发展的基础、是一国总体创新发展过程的重要组成部分，也是推动提升创新能力、提高国家竞争力的重要支撑力量。正因为创新基础设施具有基础性、战略性、公共性、不可逆性、长期性等特点，发达国家普遍将创新基础设施建设作为强化本国自主创新能力和国际竞争力的重要举措。我国创新基础设施普遍落后，必须强化对国家创新基础设施建设的投入与建设，未来需要更多地考虑如何形成对创新基础设施、大数据、云计算等基础平台以及国家创新实验室、创客空间等的可持续投入和发展机制，真正为创新和创业提供基础性支撑。

(4) 谋划和布局面向未来全球科技竞争

在通过科技自立自强构建创新体系的同时，中国企业如何保持与外部有效技术沟通成为关键。新一轮科技革命和产业变革正在重塑经济增长，从数字经济到生命经济，全球竞争集中在对科技制高点的竞争上。新科技革命为后发国家实现技术赶超提供机会，各国纷纷围绕关键领域展开布局。中国和美国在数字经济领域的引领作用正在增强，欧洲和日本相对滞后。在新一轮国际竞争的外部冲击和国内经济增长的双重压力下，我国必须加强对未来科技竞争的战略储备，在把握世界科技革命趋势的基础上大力推进战略创新。在面向国家重大需求方面，加强科技攻关和协同创新，实现关键核心技术的重大突破。在关系到国家核心利益、国防安全和长远发展的战略中抢占制高点。在面向国民经济主战场方面，着力构建具有国际竞争力的现代产业技术体系。重点围绕战略性新兴产业，加强面向下一代关键核心技术的研发与集成，抓住科技革命历史机遇，努力建设世界科技创新强国。

(5)引领中国式现代化产业发展之路

我国创新发展正由模仿、引进、消化向自主创新、基础创新等方向转变,实施好创新驱动发展战略引领中国式现代化产业发展之路,关键要解决好3个方面问题:一要处理好政府和市场的关系。创新驱动发展战略推进产业转型升级,关键是寻找政府行为和市场功能最佳结合点,发挥各自优势,政府和市场两种配置手段共同发挥合力才是中国式现代化产业发展的最佳路径;二要注重中小企业创新主体作用。中国创新驱动发展战略主体上形成了高校、科研机构、企业等多元化主体,加大对中小企业定向产业扶持,从资金、技术、平台共享等方面对中小企业进行帮扶,切实有效地发挥中小企业在创新驱动发展战略中的主体作用;三要处理好新型举国体制与创新规律关系。党的二十大报告强调健全关键核心技术攻关新型举国体制,要把政府、市场、社会有机结合起来,科学统筹、集中力量、优化机制、协同攻关。

◆ 实践活动

结合当前国内外创新创业形势,作为一名高职学生,你认为自己可以创业吗?

第 2 章 创新创业素养

【案例】

"最后一公里"商机

网络购物已经成为当代大学生购物的主流方式之一，随之而来的却是取件问题。每次快递车来送货，收件人都要自己取货，如果没有及时取货，就要等第二天了。有一位80后的西安小伙，他发现为收快递而发愁的不只他一个人，其他人也都感到非常不方便。放暑假回到家，他发现收件同样是问题，由于他所在的小区物业不负责代收快件，他必须一接到快递员电话马上下楼，赶到小区门口取件，有时候碰巧不在家，那就只能等到第二天。正是这样的烦恼给他带来了灵感，让他嗅到了商机。他想，能不能设计一种产品为大家取件创造便利。他马上联想到超市的储物柜，将它接入网络，问题或许能得到解决，他的想法得到了团队的一致认可。2012年9月，他和几位同学共同出资创办了一家公司，开发物联网智能快递终端，以解决快递派送的"最后一公里"难题。

经过历时6个月的研发，一套"智能便民寄存缴费系统"诞生了。这一智能快递终端是一种联网的储物柜，快递员将快件送达指定地点后，只需将其存入储物柜，系统便自动为用户发送一条短信，内容包括取件地址和密码，用户在方便时到达该终端输入密码即可取出快件。

2012年11月底，这项技术申请了国家专利。2013年3月，他的第一个智能快递终端试点落户福建省交通运输厅，之后便得到了社区、企事业单位和快递公司的广泛认同。

思考与启示：他就是25岁的应向阳，福建师范大学教育学院教育技术专业2009级学生，福州友宝电子科技有限公司创始人兼CEO。从应向阳的创业事迹中，我们可以从以下4个方面理解创业：

①创业是一个复杂的创造过程，可以创造出某种有价值的新事物。这种新事物必须是有价值的，不仅对创业者本身有价值，对社会也有价值。价值属性是创业重要的社会属性，也是创业活动的意义和价值。

②创业必须付出必要的时间和大量的精力。要创造新的有价值的事物，需要大量的时间，而要获得成功，没有极大的努力是不可能的，很多创业活动初期是在非常艰苦的环境下实现的。

③创业要承担必然的风险　创业的风险有各种形式，取决于创业的领域和创业团队的资源。创业风险主要是人力资源风险、市场风险、财务风险、技术风险、外部环境风险、合同风险、精神方面的风险等几个方面，创业者应具备超人的胆识，勇于承担风险的精神。

④创业给创业者带来回报　对创业者最重要的回报是其可能从中获得独立自主，以及随之而来的个人物质财富的满足，这是创业者进行创业的动机和动力之一。

2.1　创新创业内涵

2.1.1　创　新

创新是人类特有的认知能力和实践能力，英文是"innovation"，起源于拉丁语，包含3层含义：更新、创造新的东西、改变。

创新是指以新思维、新创作、新发明、新技术和新描述为特征的一种概念化过程。在创新创业领域，指的是以现有的思维模式提出有别于常规或常人思路的见解，利用现有的知识和物质，在特定的环境下，本着理想化需要或为满足社会需求而改进或创造新的事物、方法、元素、路径、环境，并能获得一定效果的行为。

许多员工由于害怕承担责任，在工作中墨守成规，惧怕改变，不愿意尝试用新方法做事，不求有功但求无过。还有的员工认为创新是老板的事，与自己无关，自己只要做好分内的工作，对得起自己的薪水就可以了。如果这样想，也许能做到让老板放心，但绝不会得到老板的赏识。因为在这个以新求胜、以新求发展的社会，员工创新能力的高低，很大程度上决定着公司创新和竞争力的高低。

创新并不是高不可攀的事。创新能力，是每个普通人都具有的自然属性与内在潜能，它与其他能力一样，是可以通过教育、训练而激发出来并在实践中不断得到提高的。如何保持思考创新，直接关系到一个年轻人的未来，因为只有创新才能激活自己的思维和才智，从而激发自己全身的能量，这就要求在及时注入"创新因子"。

近代以来，人类文明进步所取得的丰硕成果，主要得益于科学发现、技术创新和工程技术的不断进步，得益于科学技术应用于生产实践中形成的先进生产力，得益于近代启蒙运动所带来的人们思想观念的巨大解放。可以说，人类社会从低级到高级、从简单到复杂、从原始到现代的进化历程，就是一个不断创新的过程。

2.1.2　创　业

创业是人类社会生活中最能体现人的主体性的一项社会实践活动。创业有广义和狭义之分。广义的创业是指创业者的各项创业实践活动，其功能指向是成就国家、集体和群体的大业；是创业者及创业搭档对他们拥有的资源或通过努力对能够拥有的资源进行优化整合，从而创造出更大经济或社会价值的过程。狭义的创业是一个经济学范畴，是指主体以创造价值和就业机会为目的，通过组建一定的企业组织形式，为社会提供产品服务的经济活动。

创业类型有多种分类方法，比较有代表性的是克里斯汀等人依照创业对市场和个人的影响程度，把创业分为以下 4 种基本类型：

(1) 复制型创业

这种创业模式是对现有经营模式简单复制。例如，某人原本担任某家服装公司部门主管，后来他辞职并创建了一家与原服装公司相似的服装公司，且新组建的公司经营风格与离职前公司基本相同。现实中这种复制型创业有很多，由于有很丰富的经验积累，新组建公司成功的可能性更高。但这种类型的创业模式，创新贡献较低，也缺乏创业精神，并不是创业管理研究的主流。

(2) 模仿型创业

模仿型创业虽然很少给顾客带来新创造的价值，创新的成本并不算太高，但对创业者本身命运的改变还是比较大的。如某人担任服装公司部门管理工作，看到朋友的电器公司经营得有声有色，辞职后也模仿朋友组建一家电器公司。相对来说，这种创业具有较大的不确定性，学习过程较长，经营失败的可能性较大。不过如果是具备创新精神的创业者，能把握住进入市场的时机，也有创业成功的可能性。

(3) 安家型创业

安家型创业对创业者个人命运的改变不大，所从事的仍旧是原先熟悉的工作，可以不断地创造新的价值，为消费者带来实惠。例如，某人在 A 地经营一家服装公司，为解决与妻女两地分居的问题，回到 B 地，在当地重新组建一家服装公司。安家型企业强调的是个人创新精神的最大程度实现，而非对原有组织结构进行重新设计和调整。

(4) 冒险型创业

指从事一项全新的经营活动，失败的可能性很大。尽管如此，因为这种创业预期的报酬比较高，对那些充满创新精神的人来说仍极富有吸引力。创业者有较强的个人能力、把握适当的创业时机、设计合理的创业方案、进行科学的创业管理才有可能获得成功。

2.1.3 创新与创业的关系

创新是创业的基础，而创业推动着创新。一方面，科学技术、思想观念的创新，能够促进人们物质生产和生活方式的变革，引发新的生产、生活方式，进而为整个社会不断地提供新的消费需求，这是创业活动之所以源源不断的根本动因；另一方面，创业推动并深化创新，创业可以推动新发明、新产品或新服务的不断涌现，创造出新的市场需求，从而进一步推动和深化各方面的创新，也就提高了企业甚至整个国家的创新能力，推动经济的增长。

创新与创业相互作用，创新是创业的本质与源泉，创业者只有在创业的过程中具有持续不断的创新思维和创新意识，才能产生新的富有创意的想法和方案，才能不断寻求新的模式、新的思路，最终获得创业的成功。创新的价值在于创业，从一定程度上讲，创新的价值在于将潜在的知识、技术和市场机会转变为现实生产力，实现社会财富的增长，造福于人类社会，而实现这种转化的根本途径就是创业。创业在本质上是人们的一种创新性实践活动，无论是何种性质、类型的创业活动，它们都有一个共同的特征，那就是创业是主体的一种能动的、开创性的实践活动，是一种高度的自主行为，在创业实践的过程中，主体的主观能动性将会得到充分的发挥和张扬，正是这种主体能动性充分体现了创业的创新性特征。

2.1.4 创新教育与创业教育

2.1.4.1 创新教育

爱因斯坦的大脑开发多年来一直广受世人关注，很多科研机构都想研究爱因斯坦的大脑，希望以此探究爱因斯坦如此聪明的原因。一些权威科研机构的研究认为，爱因斯坦的大脑开发了13%，而我们常人的大脑只开发了不到10%，因此人的大脑开发具有无限潜力，而人的创新能力也应有很大潜力。创新教育就是使整个教育过程被赋予人类创新活动的特征，并以此为教育基础，培养创新型人才和实现人的全面发展的目标。所谓创新型人才，应该包括创新精神和创新能力两个层面。从两者的关系看，创新精神是影响创新能力生成和发展的重要内在因素和主观条件，而创新能力提高则是丰富创新精神的有力支撑。

（1）创新精神

创新精神是创新人格特征，是主体创新的内部态度与心向，它包括创新意识、创新情感和创新意志3个方面。

①创新意识　是个体追求新知的内部心理倾向，这种倾向一旦稳定，就成为个体的精神与文化。研究表明，具有创新意识的人常常不满足于现实，有强烈的批判态度；不满足于自己，有持续的超越精神；不满足于以往，有积极的反思能力；不满足于成绩，有旺盛的开拓进取精神；不怕困难，有冒险献身的精神；不怕变化，有探索求真的精神；不怕挑战，有竞争合作的精神；有强烈的好奇心、旺盛的求知欲、丰富的想象力和广泛的兴趣等。

②创新情感　是个体追求新知的内部心理体验，这种体验不断强化，就会转化为个体的动机与理想。研究表明，有创新情感的人常常情感细腻丰富，外界微小的变化都能引起强烈的内心体验；人生态度乐观、豁达、宽容，能比较长时间地保持平和、松弛的心态；学习和工作态度认真、严肃、一丝不苟，有强烈的成就感，工作的条理性强；对世间的所有生命都有同理心和责任感，愿意为改善他们的生存状态而尽心尽力等。

③创新意志　是个体追求新知的自觉能动状态，持久保持这种状态，就会成为个体的习惯与性格。研究表明，有创新意志的人常常能排除外界的各种干扰，长时间地专注于自己的活动；工作勤奋，行为果断，对自我要求较高，对工作要求较严；善于沟通与协调，组织能力强，有较强的灵活性，为达到目的愿意变换工作的途径和方法；有较强的独立性和自制力，在没有充分的证据和理由之前，不轻易放弃自己的主张，能接受别人的观点甚至容忍错误等。

（2）创新能力

创新能力是创新的智慧特征，是主体创新的活动水平与技巧，它包括创新思维和创新活动两大方面。

①创新思维　是个体在观念层面新颖、独特、灵活的问题解决方式。创新思维是创新

实践的前提与基础，如果想不到是不可能做得到的。研究表明，具有创新思维的人常常感受敏锐，思维灵活，能发现常人视而不见的问题，并能多角度地考虑解决办法；理解深刻，认识新颖，能洞察事物本质并能进行开创性的思考；思维辩证，实事求是，能合理运用发散与辐合、逻辑与直觉、正向与逆向等思维方式，不走极端，能把握事物的中间状态等。

②创新活动 是个体在实践层面新颖、独特、灵活的解决问题方式。创新活动是创新思维的发展与归宿，经不起实践检验的思维是没有价值的。研究表明，具有创新活动能力的人常常实践活动经历丰富或人生经历坎坷，经受过大量实践问题的考验；乐于动手设计与制作，有把想法或理论变成现实的强烈愿望；不受现成的条框束缚，不断尝试错误、不断反思、不断纠正；愿意参加形式多样的活动，乐于求新、求奇，乐于创造新鲜事物等。

2.1.4.2 创业教育

世界创业研究的兴起最早出现于 20 世纪 60 年代末，国外大学开展创业教育已有半个多世纪的历史。其中的典型代表是美国大学的创业教育。美国的创业教育已纳入国民教育体系之中，涵盖了从初中、高中、大学本科直到研究生的正规教育。

截至 21 世纪初，美国已有 1600 多所高等院校开设了创业学课程，并且已经形成一套比较科学、完善的创业教育教学、研究体系。许多学校还开设创业专业。大学生的创业精神与创业能力，已经成为评价高等教育质量的指标之一。创业学在欧美发达国家的大学中已经成为成熟的学科。当今美国超过 95% 的财富是由 20 世纪 80 年代的创业者创造的。在美国的创业热潮中，大学生创业活动引人注目，当代许多著名的美国高科技公司，都是大学生创业者利用风险投资创办的，如英特尔的摩尔、葛鲁夫，微软的盖茨、艾伦，惠普的休利特、帕卡德，网影的安德森，戴尔公司的戴尔，雅虎的杨致远等。

我国的创业教育最早始于 1997 年的"清华大学创业计划大赛"，其最初只限于少数高校举办的一些创业活动。1999 年在教育部发布的《面向 21 世纪教育振兴行动计划》中提出大学生创业教育的概念，文件指出："加强对学生的创业教育，鼓励他们自主创办高新技术企业。"2001 年，武汉大学率先提出"创造、创新、创业"理念，将"三创"理念融入深化教育改革。习近平总书记强调"要营造有利于创新创业创造的良好发展环境。要向改革开放要动力，最大限度释放全社会创新创业创造动能，不断增强我国在世界大变局中的影响力、竞争力"。从"创新是引领发展的第一动力""民营企业家是我们自己人"再到"释放全社会创新创业创造动能"，习近平总书记对高质量发展提出了更高要求。习近平总书记关于"创新创业创造"的重要论述体现了为人民谋幸福、为民族谋复兴、为世界谋大同的初心和使命。深刻领会习近平总书记"创新创业创造"重要论述的思想内涵，对于把握新时代经济社会发展的动力转换具有深远的意义。

2.2 大学生创新创业概述

2.2.1 大学生常见创业动机

创业动机是鼓励和引导个体为实现创业成功而行动的内在力量。大学生创业是适宜的创业环境与做好创业准备的大学生相结合的产物，其动机归纳起来主要有以下 4 种。

(1) 生存的需要

首先，由于经济的原因，一些家庭难以承担求学费用。为了顺利完成学业，部分学生利用课余时间打工来维持正常的学习和生活。在打工的过程中有一部分具有创业素质的学生会发现并把握商机，开始走上创业的道路。

其次，当前我国高校学生中城镇生源很多是独生子女，为了培养自己的独立性，一部分学生开始独立承担自己的学习、生活费用，在他们中也产生了一定数量的创业先行者。这部分创业者通常都以学习为主要目的，从事一些需要投入时间、精力较少的行业，对经济回报要求较低。

(2) 积累的需要

美国耶鲁大学的克雷顿·奥尔德弗在马斯洛提出的需要层次理论的基础上进行了更接近实际经验的研究，提出了一种新的人本主义需要理论。奥尔德弗认为，人们共存在 3 种核心的需要，即生存的需要、相互关系的需要和成长发展的需要。这 3 种需要并不一定按照严格的由低向高的顺序发展，可以越级。当代大学生随着年龄的增长，对于相互关系和成长的需要会逐渐强烈。一部分大学生为了增加自己的实践经验，丰富自己的社会阅历，或者为了自己以后的发展或实现自己的某个目标做好经济上的准备，在条件成熟的情况下也会利用课余时间走上创业的道路。这个类型的创业者往往以锻炼为目的，承受失败的能力较强。同时由于压力较小，失败和半途而废的比例也比较高。

(3) 自我实现的需要

心理学研究表明：25～29 岁是创造力最为活跃的时期，这个年龄段的青年正处于创造能力的觉醒时期，对创新充满了渴望和憧憬。他们思维活跃、创新意识强烈，同时所受的约束和束缚较少，按照 ERG 理论，对成长的需要也更为强烈。另外，由于大学生处于学术环境，他们往往更容易接触一些新的发明和学术上的新成果，或者他们中的一部分人本身拥有自主知识产权的科研成果。为了能早日实现自己成功的目标，他们中的一部分人改变了自己的成功观念，也开始了自己的创业生涯。

(4) 就业的需要

当前，我国的大学生就业形势相当严峻，一方面表现为需求不足；另一方面表现为大学毕业生的工资待遇降低。在这种情况之下，为了找到一份自己满意的工作，有一部分大学生也选择了创业。

2.2.2　大学生常见创业模式

大学生的创业模式，按照大学生参与创业的时间可以划分为以下 3 种：兼职创业、休学创业和毕业后创业。

(1) 兼职创业

兼职型创业是指学生不放弃或中断自己的大学学习而采取的在课余时间从事创业活动的创业模式。目前我国的大学生创业者对于这种模式倾向性很强，《浙江大学城市学院大学生创业情况调查》显示，高校学生创业活动中此种模式的比例占98%以上。这种模式要求学生在创业的同时不能影响大学课程的学习，因此，选取此种模式的创业者在创业活动中所涉及的行业通常都是对创业者时间投入要求较灵活的行业，而创业者本人对于学习和创业的时间、精力安排必须合理。从大学生创业者的角度来看，选择此种模式主要有以下几种目的：

①为大学学习服务　大学生创业是为了更好地完成大学的学习而开展创业活动。通常可以归为两类：一是为了筹集学费开展创业；二是为了锻炼自己的实践能力开展创业。

②降低创业的风险性　大学生创业者认为创业的风险太高，为了使自己创业失败后多一种选择，因此选择了兼职型创业。

③迫于社会、家庭的压力　我国大学生对于家庭的依赖程度较高，所以大学生在对创业模式进行选择时，往往需要征得家庭的同意。

兼职创业模式的特点有以下3点：

①企业经营模式多样性　由于不仅要面对创业的风险和挑战，还要完成繁重的大学学业，创业者只能利用课余时间从事创业，企业的运营模式只能根据创业者的实际情况进行调整。

②企业组织形式多样性　一方面是因为创业资本来源的多样性造成的；另一方面，由于大学校园相对于社会的封闭性，一些创业者的创业活动甚至没有正规的法律形式。

③创业企业平均科技含量较低　一方面，多数大学生仅仅依赖于简单的营销手段进行创业，技术含量较低；另一方面，在校大学生尤其是低年级学生的专业技术知识不完备。

(2) 休学创业

休学创业是指学生为了创业而申请休学从事创业活动的一种模式。这种模式受教育体制的影响较大。因为我国高校中还有很大一部分实行的是学年制或不完全学分制，学生由于创业提出的休学申请很难获得批准。这种现状的改变还需要社会、学校对大学生创业的认识进一步加强和我国教育体制改革的进一步深化。目前我国创业大学生中采用此种模式的比例很小。教育部下发《关于做好2015年全国普通高等学校毕业生就业创业工作的通知》，提出高校要建立弹性学制，允许在校学生休学创业。不过从2015年的调查看，许多大学生显然不愿意中断自己的学业，受访者中只有7.2%的学生愿意休学创业。选择这种模式的大学生不仅要面对创业的风险和挑战，还要应对周围环境的压力。从另外一个角度来看，由于这部分创业者创业失败后还有另外的选择，即回到大学继续读书，在创业过程中要有充分应对风险和困难的准备，否则容易半途而废。这种模式也称为缓冲模式，即创业大学生在休学期内通过自己的实践和创业企业的发展更有针对性地对创业模式做出选择。休学创业模式的特点如下：

①创业大学生有较为充裕的时间和精力进行创业，休学可以为大学生创业者提供更为充足的实践经历，这对于创业的成功大有裨益。

②创业者承受失败能力相对较强，在同等条件下这种模式又给创业者提供了一种退出机制。

③具有可变性，由于休学的时间限制，最终大学生创业者还要根据休学期创业实际情况，在不同创业模式之间做出选择。

(3) 毕业后创业

这种模式是指大学生在结束大学学业之后走上创业的道路。选择此种模式的大学生通常出于自我实现或就业的需要。这种模式对于高等教育的冲击较小。而且，创业者在接受高等教育的过程中实践能力、自身知识水平等各方面素质也会有较大提高；同时由于自身的素质提高，其在创业的过程中可选择范围也较大，这对创业成功起到了很大的作用。从大学生的从业意义角度来讲，这种模式的大学生创业对于社会经济发展和缓解大学生就业压力有重要作用。因此，这种模式是我国大力提倡和引导的。大学生毕业后创业的特点是：对高等教育没有冲击；创业企业的组织形式、经营模式相对稳定。大学生毕业后创业直接面对市场经济的机遇和挑战，正规的企业形式是不可缺少的，因此，选用此种模式要求创业者必须提高自己的管理技能；创业企业的平均技术含量较高。大学生接受大学教育之后，自身的专业技能、社会实践能力都有很大的提高，使得利用自有技术创业的可能性得以增大，同时对于相关技术领域的发展也会更好地把握，这提高了创业企业利用先进技术的可能性。此外还有一种模式，即退学创业。考虑到目前我国的高等教育已经开始逐渐进入普及化阶段，大学生放弃这一阶段的学习对个人的成长弊大于利。

2.2.3　高职高专院校学生创业优势

与普通本科高等院校相比，高职院校的专业应用性强，高职院校学生创业具有较明显的几点优势：

(1) 高职院校开设的专业其职业指向明确，注重技能性

高职是以培养技术技能型人才为目标，强调操作技能的训练。在课程设置上，一方面，重视专业技能课程的开设，在教学中强调实用性、技能性，注重动手能力的培养；另一方面，注重实践课程的开设及实训基地的建设，保持与市场、企业的联系。因此，学生毕业后，大多有一技之长。这就使高职高专院校学生具备了创业的基本技能。

(2) 高职院校开设的专业多为市场热门专业，适应市场需求

如计算机类专业，虽然社会上这类公司是有限的，难以接纳所有的毕业生，但如果学生选择自己创业，这个专业是有市场空间的。

(3) 高职院校开设的专业中，有许多专业的市场创业门槛不高，适合小规模的自主创业

如建筑室内设计专业，开办一个小型工作室的投资成本不太高；计算机应用技术专业，只要有技术，创业门槛也不高。创业成本对于缺乏启动资金的毕业生是一道坎，而能以较低成本启动创业，是高职学生可行性创业重要的条件。

(4) 高职院校学生抗挫折能力较强

高职院校学生承受挫折的心理素质普遍较好，大多数学生具有较强的抗挫折能力。而创业是一项风险较大的活动，如果没有良好的心理承受能力，是不容易坚持下去的，良好的心理素质有利于形成良好的创业心态。

(5) 高职院校学生具备较强的吃苦精神

由于教育资源分配尚不平衡，很多偏远地区的孩子因教育条件受限考入高职院校，这类学生从小就具备一定的吃苦精神，在大学期间主动兼职磨炼自我，可为创业积累丰富的经验，在创业期间往往也能经受磨炼坚持下来。

2.2.4 高职院校学生创业存在的问题

(1) 对创新创业的认识不足

高职学生有相当高的创业热情，大部分学生有创新创业的想法和冲动，这为创新创业教育提供了良好的基础。高职学生对创新创业概念的认识和理解偏向于实体小型企业、小型店铺等传统形式，缺乏创新意识的植入，很少涉及专利研发、新产品开发等领域。学生大部分在现实面前缺乏实践的信心和勇气。

(2) 专业基础不牢固，创新创业决心不坚定

高职学生专业知识比较薄弱，在创新创业意识方面易存在"自卑感"，原动力不足。主要表现在缺乏自信心、职业规划不明确、目标感不强、易放弃。

(3) 情绪不稳定，创新创业心理准备不足

部分创业的学生起初情绪高涨、积极主动，但遇到如技术瓶颈、推广不力、资金链断裂等问题时，易情绪低落，否定自己，对自己创新创业的预期目标表示怀疑，最终导致失败。同时，也有部分学生创新创业的初期较为顺畅，从而滋生骄傲自满的情绪，对行业风险把控不足，最后失败。创新创业不可能一蹴而就，而是需要经过一个艰辛的过程，这要求创业者需具备良好的心理素质，能从容面对创新创业过程中的突发情况，适时调整自己的心态来解决问题，而不是被问题所困扰。

(4) 合作意识不强，组织分工不明确

部分创业的学生由于存在以自我为中心、合作分享意识欠缺、不善于利用团队的力量解决问题等情况，最终导致创业失败。近年来，新兴领域不断发展，学科交叉增多，社会分工进一步细化，信息的多元化、包容化、开放化，都要求创业者具备合作意识和团队意识。合作共赢、风险分担有利于创业的成功。

(5) 市场定位不准确，方向把握不足

当今社会互联网经济高速发展，随着智能手机终端的普及，大批与互联网相关的企业和产品渗入消费者的生活、学习和工作，造就了一批成功的创业型公司如阿里巴巴、腾讯、京东、百度、滴滴、字节跳动、美团等。然而部分大学生创业者并没有进行充分的市场调研和行业分析，对准备创业的领域及其相关的上下游产业链缺乏认识和了解，或是具有一定的知识储备，但没有发挥自己的专业优势，造成资金和精力的浪费。同时，在创新创业的方向中存在误区，认为创新创业仅限于商业领域。而实际上在环境保护、养老、助残、支教等公益领域同样有很多机会，应该着眼于解决实际问题开展创新创业。

2.3 创新思维

2.3.1 创新思维

一次记者招待会上，周恩来介绍我国建设成就。一个西方记者问周恩来："请问，中国人民银行有多少钱？"这位记者提出这样的问题，有两种可能性，一是嘲笑中国穷，实力差，国库空虚；二是想刺探中国的经济情报。周恩来笑了笑，很快回答道："中国人民银行的货币资金嘛？有18元8角8分。"当他看到众人不解的样子继续解释道："中国人民银行发行的面额为10元、5元、2元、1元、5角、2角、1角、5分、2分、1分的10种主辅人民币，合计为18元8角8分……"周恩来的回答是典型的创新思维，他打破了常规思维"没有多少钱"或"无可奉告"的回答，充分表现出他过人的应变能力和高超的语言艺术，这就是创新思维的闪光之处。

思维是人类所具有的高级认识活动。按照信息论的观点，思维是对新输入信息与脑内储存知识经验进行一系列复杂的心智操作过程。思维是以感觉、知觉、表象为基础的认识的高级阶段。思维由以下3个要素构成，分别是：

①智力　智力取决于基因和幼年时期环境的影响与教育，后天教育对智力的发展起着关键作用。智力主要表现为观察力、注意力和记忆力。

②知识　知识是通过学习和社会实践而得到的对事物的认识，主要指科学文化和社会经验等。

③才能　才能是人们能有效达到某种目的的心理能量。才能分为两个部分，一部分是特殊才能，如音乐、舞蹈、体育等，与人的天赋有关；另一部分是一般才能，与后天教育和实践有关。

2.3.2 创新思维的特点

（1）联想性

联想是将表面看起来互不相干的事物联系起来，从而实现创新。联想性思维可以利用已有的经验创新，如我们常说的由此及彼、举一反三、触类旁通，也可以利用别人的发明创造进行创新。联想是创新者在创新思考时经常使用的方法，也比较容易见到成效。能否主动地、有效地运用联想，与人的联想能力有关，然而在创新思考中若能有意识地运用这种方式则是有效利用联想的重要前提。任何事物之间都存在着一定的联系，这是人们能够采用联想的客观基础，因此，联想的最主要方法是积极寻找事物之间的一一对应关系。

（2）求异性

创新思维在创新活动过程中，尤其在初期阶段，求异性特别明显。它要求关注客观事物的差异性与特殊性，关注现象与本质、形式与内容的不一致性。英国科学家何非认为："科学研究工作就是设法走到某事物的极端，观察它有无特别现象的工作。"创新也是如此。一般来说，人们对司空见惯的现象和已有的权威结论怀有盲从和迷信的心理，这种心理使人很难有所发现、有所创新。而求异性思维则不拘泥于常规，不轻信权威，以怀疑和批判的态度对待一切事物和现象。

(3)发散性

发散性思维是一种开放性思维，其过程是从某一点出发，任意发散，既无一定方向，也无一定范围。它主张打开大门，张开思维之网，冲破一切禁锢，尽力接收更多的信息。人的行动自由可能会受到各种条件的限制，而人的思维活动却有无限广阔的天地，是任何别的外界因素难以限制的。发散性思维是创新思维的核心；发散性思维能够产生众多的可供选择的方案、办法及建议，能提出一些别出心裁、出乎意料的见解，使一些似乎无法解决的问题迎刃而解。

(4)逆向性

逆向性思维就是有意识地从常规思维的反方向去思考问题的思维方法。如果把传统观念、常规经验、权威言论当作金科玉律，常常会阻碍我们创新思维活动的展开。因此，面对新的问题或长期解决不了的问题，不要习惯于沿着前辈或自己长久形成的、固有的思路去思考问题，而应从相反的方向寻找解决问题的办法。例如，欧几里得几何学建立之后，从公元 5 世纪开始，就有人试图证明作为欧氏几何学基石之一的第五公设，但始终没有成功，人们对它似乎陷入了绝望。1826 年，罗巴切夫斯基运用与过去完全相反的思维方法，公开声明第五公设不可被证明，并且采用了与第五公设完全相反的公设。从这个公理和其他公设出发，他终于建立了非欧几何学。非欧几何学的建立解放了人们的思想，扩大了人们的空间观念，使人类对空间的认识产生了一次革命性的飞跃。

(5)综合性

综合性思维是把对事物各个侧面、部分和属性的认识统一为一个整体，从而把握事物的本质和规律的一种思维方法。综合性思维不是把事物各个部分、侧面和属性的认识随意地、主观地拼凑在一起，也不是机械地相加，而是按它们内在的、必然的、本质的联系把整个事物在思维中再现出来的思维方法。我国古代工程建设中已经成功实践了综合系统的思想，公元前三世纪战国时代蜀郡守李冰父子主持设计修建的四川都江堰水利工程就是一个突出的范例。都江堰水利枢纽工程由分水导流工程、溢流排沙工程和引水口工程组成。分水导流工程为利用江心洲建成的分水鱼嘴、百丈堤和金刚堤，它们把岷江分为内外两江。内江一侧建有由平水槽、飞沙堰以及具有护岸溢流功能的人字堤等组成的溢流排沙工程。内江水流由上述导流和溢洪排沙工程控制并经宝瓶口流向川西平原，汛期内江水挟沙从飞沙堰顶溢入外江，保证灌区不成灾。宝瓶口是控制内江流量的引水通道，由飞沙堰作为内江分洪减沙入外江的设施，外江又设有江安堰、石牛堰和黑石堰三大引水口。整个工程的规划、设计和施工都十分合理；通过鱼嘴分水，宝瓶口引水、飞沙堰溢洪，形成"引水以灌田，分洪以减灾"的分洪灌溉系统。都江堰工程生动地体现了严谨的整体观念和开放、发展的系统思路，从当今的观念分析，仍不愧为世界上一项杰出的系统工程建设。

2.3.3 常见创新思维方法

2.3.3.1 发散思维

发散思维，又称辐射思维、放射思维、扩散思维或求异思维，是指大脑在思维时呈现的一种扩散状态的思维模式，表现为思维视野广阔，思维呈现出多维发散状。如"一题多解""一事多写""一物多用"等方式，都可培养发散思维能力。很多心理学家认为，发散思维是创造性思维最主要的特点，是测定创造力的主要标志之一。发散思维的特点如下：

（1）流畅性

流畅性即观念的自由发挥，指在尽可能短的时间内生成并表达出尽可能多的思维观念以及较快地适应、消化新的思想观念。流畅性反映的是发散思维的速度和数量特征。

（2）变通性

变通性即克服人们头脑中某种自己设置的僵化的思维框架，按照某一新的方向来思考问题。变通性需要借助横向类比、跨域转化、触类旁通，使发散思维沿着不同的方面和方向扩散，表现出极其丰富的多样性和多面性。

（3）独特性

独特性指人们在发散思维中做出不同寻常的异于常人的新奇反应的能力。独特性是发散思维的最高目标。

（4）多感官性

发散性思维不仅运用视觉思维和听觉思维，而且也充分利用其他感官接收信息并进行加工。发散思维还与情感有密切关系。如果思维者能够想办法激发兴趣，产生激情，把信息感性化，赋予信息感情色彩，会提高发散思维的速度与效果。

发散思维分以下几类：

（1）过程发散和结果发散

过程发散是指延伸思维路径，探索多种可能性，重视创造性的思维过程。例如，在创新项目中，团队成员通过头脑风暴和思维导图，不断扩展创意范围，促进新创意的涌现。结果发散是指关注最终创意成果，不拘泥于思考过程，强调解决问题的方案；又如，在产品设计中，设计师通过快速原型制作和用户测试，迅速验证和创意落地，实现实际应用。

（2）理论发散和操作发散

理论发散是指基于理论和概念进行思维，通过对问题的理论分析和探索，寻找创新的解决方案。例如，科学家通过理论模型和数学推演，预测未知现象并提出新的假设。操作发散是指侧重于实际操作和执行过程，通过实践和尝试不同的方法来达到创新的目的；又如，工程师在解决技术难题时，通过不断尝试和调整实验方案，探索出新的解决方案。

（3）个体发散和群体发散

个体发散强调个人独立思考和创造，个体在思考和创新过程中的发散思维能力。例如，艺术家通过个人的灵感和创造力，创作出独具个性的艺术作品。群体发散是团队或群体协作下的发散思维，通过不同个体的思维碰撞和交流，共同实现创新和突破；又如，跨学科团队在解决复杂问题时，通过多元思维的碰撞，创造出全新的解决方案。

（4）理性发散和灵感发散

理性发散是基于逻辑和分析的思维方式，通过合理地推理和思考来解决问题。例如，管理者在战略决策中，通过数据分析和逻辑推理，寻找创新的商业模式。灵感发散是侧重于灵感和直觉的启发，通过对问题的直觉性认知和思考来实现创新；又如，创意人员在广告创意构思中，通过灵感闪现和直觉的启发，设计出引人注目的广告作品。

(5) 线性发散和立体发散

线性发散是指思维逐步延伸和扩展，呈现出线性的发散路径。例如，在解决工程问题时，工程师逐步延伸思路，从单一方向逐步扩展，找到最优解决方案。立体发散强调多方向的思维延伸，不拘泥于单一的线性思维路径，而是多维度地拓展思维空间；又如，设计师在产品设计过程中，通过立体思维，从用户体验、功能和美学等多个维度出发，寻找全面创新的可能性。

还有其他分类如收敛性思维和发散性思维交替进行，强调了发散性思维与收敛性思维之间的相互作用和平衡。例如，在项目管理中，团队在创新阶段会充分发挥发散性思维，而在执行阶段则需要收敛性思维来有效实施创意成果。

发散性思维并非一成不变，它包含多种类型，每种类型都有其独特的特点和适用场景。在实际生活和工作中，了解并灵活运用这些类型，可以帮助我们更好地应对问题、创新创造，并取得更好的成果。因此，加强对发散性思维各种类型的理解和应用，对于个人的成长和团队的发展都具有重要意义。

2.3.3.2 聚合思维

聚合思维法又称为求同思维法、集中思维、辐合思维和同一思维。聚合思维法是把广阔的思路聚集成一个焦点的方法，它是一种有方向、有范围、有条理的收敛性思维方式，与发散思维相对应。聚合思维也是从不同来源、不同材料、不同层次探求正确答案的思维方法。因此，聚合思维对于从众多可能性结果中迅速做出判断，得出结论是非常重要的。

在应用聚合思维方法时，一般要按照以下3个步骤进行：

①收集掌握各种有关信息 采取各种方法和途径，收集和掌握与思维目标有关的信息。资料信息越多越好，这是应用聚合思维的前提，有了这个前提，才有可能得出正确结论。

②对掌握的各种信息进行分析、清理和筛选，是聚合思维的关键步骤 通过对所收集到的各种信息进行分析，区分它们与思维目标的相关程度，以便把重要的信息保留下来，把无关或关系不大的信息淘汰。经过清理和筛选后，还要对各种相关信息进行抽象、概括、比较、归纳，从而找出它们共同的特性和本质。

③客观地、实事求是地得出科学结论，获得思维目标 聚合思维有同一性、程序性和比较性3个特点：同一性是指它是一种求同性，即找到解决问题的办法或答案；程序性是指在解决问题的过程要严格按照操作程序进行，使问题的解决有章可循；比较性是指通过比较，找出较佳的途径、方案、措施或答案，从而实现思维目标。

2.3.3.3 灵感思维

灵感思维是指凭借直觉进行的快速、顿悟性的思维。它不是一种简单逻辑或非逻辑的单向思维运动，而是逻辑性与非逻辑性相统一的理性思维过程。

尽管灵感随时可能产生，产生灵感几乎不需要投入，但对它进行捕捉保存、挖掘提炼、开发转化、实现价值则可能需要一定的投入，而且往往需要经历一定的程序和过程，需要进行必要的社会分工。当人们灵感闪现时，大多数人不能独自捕捉保护灵感，更难确保其实施，调动其他资源更不是普通人能实现的，只有少数人抓住部分灵感，完成了创新，实现了创新的价值，成了发明家、科学家。

(1) 灵感思维特征

灵感思维是在无意识的情况下产生的一种突发性的创造性思维活动。它主要有以下3个方面的特征：

① 突发性　灵感往往是在出其不意的刹那间出现，使长期苦思冥想的问题突然得到解决。在时间上，不期而至、突如其来；在效果上，突然领悟、意想不到。这是灵感思维最突出的特征。

② 偶然性　灵感在什么时间、什么地点出现，或在哪种条件下出现，都使人难以预测而带有很大的偶然性，往往给人以"有心栽花花不开，无意插柳柳成荫"之感。

③ 模糊性　灵感的产生往往是闪现式的，而且稍纵即逝，它所产生的新线索、新结果或新结论使人感到模糊不清。要想使其清晰，还必须有形象思维和抽象思维辅佐。灵感思维所表现出的这些特征，从根本上说都是来自它的无意识性。形象思维、抽象思维都是有意识进行的，而灵感思维则是在无意识中进行的，这是它们的根本区别。

(2) 引发灵感常用方法

① 观察分析　在进行科技创新活动的过程中，自始至终都离不开观察分析。观察，不是一般地观看，而是有目的、有计划、有步骤、有选择地去观看和考察所要了解的事物。通过深入观察，可以从平常的现象中发现不平常的事物，可以从表面上貌似无关的事物中发现相似点。在观察的同时必须进行分析，只有在观察的基础上进行分析，才能引发灵感，形成创造性的认识。

② 启发联想　新认识是在已有认识的基础上发展起来的。旧与新或已知与未知的连接是产生新认识的关键。因此，要创新，就需要联想，以便从联想中受到启发，引发灵感，形成创造性的认识。

③ 实践激发　实践是创造的阵地，是灵感产生的源泉。在实践激发中，既包括现实实践的激发，又包括过去实践体会的升华。各项科技成果的获得，都离不开实践的推动。在实践活动的过程中，迫切解决问题的需要，会促使人们去积极地思考问题，去钻研探索。科学探索的逻辑起点是问题。因此，在实践中思考问题、提出问题、解决问题，是引发灵感的一种好方法。

④ 激情冲动　激情能够调动全身心的巨大潜力去创造性地解决问题。激情可以使人增强注意力、丰富想象力、提高记忆力、加深理解力，从而产生出强烈的、不可遏制的创造冲动，并且表现为自觉地按照客观事物的规律行事。这种自觉是建立在准备阶段反复探索的基础之上的。即激情冲动也可以引发灵感。

⑤ 判断推理　判断与推理有着密切的联系，这种联系表现为推理由判断组成，而判断的形成又依赖于推理。推理是从现有判断中获得新判断的过程。因此，在科技创新活动中，对于新发现或新产生的物质的判断，也是引发灵感、形成创造性认识的过程。所以，判断推理也是引发灵感的一种方法。

2.3.3.4 直觉思维

直觉思维是指对一个问题未经逐步分析,仅依据内因的感知迅速地对问题答案做出判断、猜想、设想,或者在对疑问百思不得其解时,突然对问题有灵感和顿悟,甚至对未来事物的结果有"预感"。直觉思维是一种心理现象,在创造性思维活动的关键阶段起着极为重要的作用。直觉思维完全可以有意识加以训练和培养的。直觉思维有以下 3 个主要特点:

(1) 简约性

直觉思维是对思维对象从整体上进行考察,调动自己的全部知识经验,通过丰富的想象做出敏锐而迅速的假设、猜想或判断,它省去了一步一步分析推理的中间环节,而采取"跳跃式"的形式。它是一瞬间的思维火花,是长期积累的一种升华,是思维者的灵感和顿悟,是思维过程的高度简化,但是它却可能清晰地触及事物的本质。

(2) 创造性

直觉思维是基于对研究对象整体的把握,不专注于细节的推敲,是思维的"大手笔"。正是由于思维的无意识性,它的想象才是丰富的、发散的,使人的认知结构向外无限扩展,因而具有独创性。伊恩·斯图加特说:"直觉是真正的数学家赖以生存的东西。"许多重大的发现都是基于直觉:哈密顿在散步的路上激发了构造四元素的火花;阿基米德在浴室里找到了辨别王冠真假的方法;凯库勒发现苯分子环状结构更是一个直觉思维的成功典范。

(3) 坚信感

主体以直觉方式得出结论时,理智清楚,意识明确,这使直觉有别于冲动的行为,主体对直觉结果的正确性或真理性具有本能的信念,但这并不意味着取消进一步分析加工和实验验证的必要性。

2.3.3.5 联想思维

联想思维是指人脑记忆表象系统中,由于某种诱因导致不同表象之间发生联系的一种没有固定思维方向的自由思维活动。主要思维形式包括幻想、空想、玄想。其中,幻想,尤其是科学幻想,在人们的创造活动中具有重要的作用。联想思维包括以下几种:

(1) 相似联想

相似联想是指由一个事物外部构造、形状或某种状态与另一种事物类同、近似而引发的想象延伸和连接。

(2) 相关联想

相关联想是指联想物和触发物之间存在一种或多种相同且具有极为明、显属性的联想。如看到鸟想到飞机。

(3) 对比联想

对比联想是指联想物和触发物之间具有相反性质的联想。如看到白色想到黑色。

(4) 因果联想

因果联想源于人们对事物发展变化结果的经验性判断和想象,触发物和联想物之间存在一定因果关系。如看到鸡蛋想到小鸡。

(5) 接近联想

接近联想是指联想物和触发物之间存在很大关联或关系极为密切的联想。如看到学生想到教室及课本等相关事物。

2.3.3.6 逻辑思维

逻辑思维又称抽象思维,是人们在认识事物的过程中借助概念、判断、推理等思维模式能动地反映客观现实的理性认识过程。它是作为对认识者的思维及其结构以及起作用的规律的分析而产生和发展起来的。只有经过逻辑思维,人们才能把握事物的本质规律,进而认识客观世界。它是人的认识的高级阶段,即理性认识阶段。

2.4 创业素养

2.4.1 创业精神

创业精神是指在创业者的主观世界中,具有开创性的思维、观念、个性、意志、作风和品质等。每一位创业者的成功都不可复制,但是成功的创业者都会体现以下创业精神:

(1) 创新精神

创新精神是创业精神的核心。创新精神之所以成为创业精神的核心,归根结底是由创业活动的开拓性决定的。由于创业是一种创造性的活动,本身就是对现实的超越,是一种创新,创业离不开创新,创新是创业的源泉。德鲁克认为:"创业就是要标新立异,打破已有的秩序,按照新的要求重新组织。"创业意味着要树立将变革视为正常的、有益的现象的精神,树立寻找变革、适应变革,并将变革当作开创事业的机会的精神。创业的本质是创新,创新就意味着突破,这样的突破可能是产品创新也可能是技术创新、商业模式创新。

(2) 冒险精神

冒险精神是指个人在不确定的情况下把握机会的精神。任何一项创业活动都不可能自始至终一帆风顺,特别是在知识经济时代的今天,创业者必须具有较强的风险意识,对于具备扎实知识基础但缺乏经验的大学生们来说,面对机会能否冒险并果断作出决策是决定他们能否走上创业之路的关键一步。创业是充满风险的,往往追求的利润越高,承担的风险越大。专家研究发现,潜在的创业者比不想创业的人具有更高的冒险精神,创业者更愿意将市场形势判断为积极的机会,而不是消极的风险。

(3) 务实精神

务实精神是创业精神的归宿,是中华民族自古以来就普遍重视和提倡的一种精神,它包括多重含义,要求人们办实事、求实效、实事求是。创业就是要创立一番事业,它是一种实在的实践活动,需要扎实地付出艰苦的努力。没有务实的劳动,人就无法确定创业精神与社会需要之间的价值关系,就无法使创业的理念变成现实、使创业的计划变成财富,也无法实现创业的根本价值。

(4) 自主精神

自主精神是创业精神的基础，主动性强的人更容易投入工作的创新。创业精神的强弱，取决于人们自主创业的意愿，也就是人的创业动机，由此生发出创业理想。创业意识从本质上说就是一种自强自立的精神，它是人们创业的内在动力，也是创业精神的基础。

2.4.2 创业精神培养

创业精神培养的目的不单纯是提高大学生的创业技能，更重要的是塑造大学生的创业核心素质，为大学生全面发展奠定坚实的基础。创业精神的培养必须具有全面性、系统性、成长性的特点。从创业理想、创业文化、创新思维、创业心理品质、创业规范意识等多方面入手，社会、学校、大学生三者目标一致，发展协调，相辅相成，形成合力，并具有不断创新和完善的自觉力量。

2.4.2.1 激发创业理想

创业理想是指创业者在创业过程中持有的一种奋斗目标、价值观念、人生追求，是人们对创业所持有的根本看法和态度。创业理想是创业精神的核心要素。树立远大的创业理想能够使大学生深刻认识人生价值，把握社会发展规律，明确国家民族使命，勇于开拓创新事业。

(1) 创业理想信念教育

通过一定的教育途径、方式和方法将建设中国特色社会主义的共同理想转化为大学生自身的价值追求，价值取向和价值目标。使大学生树立远大的创业理想，将创业目标与国家和民族的发展需要结合起来。

(2) 创业价值观教育

创业价值观是指大学生根据自己的需要，对创业目标的认知程度和创业方式的价值判断标准，创业价值观对大学生的创业行为和意识起着至关重要的作用，对学生的创业目标和方式有着指导和调节作用。

2.4.2.2 营造创业文化环境

创业文化泛指一切创业活动及其活动方式和活动氛围的综合，是主体文化素质与客体文化环境的综合，蕴涵着丰富的内涵。营造创业文化氛围的重要目标就是把创业理想信念、创业价值观念，通过创业文化的熏陶传播给大学生，最终转化为大学生自觉的创业实践和行动。

(1) 营造社会创业文化环境

创业文化的主要功能是创业精神的折射和动态体现，是增强创业动机、提高创业能力、促发创业活动的催化剂。大学生创业精神的培养也离不开其所在的环境的文化，良好的创业文化环境有利于创业理想信念的树立和提升。

(2) 营造校园创业文化环境

学校的文化环境，尤其是校园创业文化氛围对大学生创业精神的培养是一种潜移默化的熏陶。创业文化的建设要在办学思路上接受创业教育理念，将创业精神培养纳入大学生的培养目标之中，要加强组织制度建设，对涉及创业教育的人力、物力、财力、组织、机构等有明确的制度规范，形成顺畅的工作程序，保障各项工作的有序开展。借助校园的教育载体，加强宣传教育工作。丰富学生的创业实践活动，积极开展社团活动。通过不同层面的营造和培养，创业精神才能借校园文化的推动作用根植在大学生的头脑中。

2.4.2.3 开发创造性思维

在创业过程中，大学生的创造性思维训练是极其重要的环节。创业者如果不具备创造性思维基础，创业行为就缺乏缜密的理性思考，创业活动有可能昙花一现。创造性思维以注重思维活动的反省和理性的反思为特征，将形象思维、逻辑思维和直觉思维融为一体，是科学的理性精神与直觉、形象思维的有机统一。

2.4.2.4 塑造创业心理品质

创业心理品质与创造性人格，创业是人类运用知识和能力开创事业的过程。创业是对人的素质的全面检验，尤其是对人的心理素质的考验。创业心理素质，是在环境和教育的影响下形成和发展起来的，在创业社会实践活动中全面地、稳固地表现出来并发挥作用的身心组织要素、结构及其质量水平，是对人的心理和行为起调节作用的个性意识特征。良好的创业心理素质如同创业大厦的基石，可以奠定事业的基础，支撑创业人生。

2.4.2.5 养成创业规范意识

（1）创业者职业道德培养

创业者要了解在创业过程中应当遵循的行为规范和应当履行的义务。对大学生进行创业规范意识教育是培养创业精神的重要内容，是保障未来的创业者们在特定的社会经济条件下，自觉按照社会公德和职业道德的原则与规范，履行应尽的义务，不断提升创业所需要的人格和品质。

（2）创业者法律意识培养

大学生要创业成功，必须具备多种知识储备，其中法律知识是必不可少的。大学生不仅要了解创办企业的类型和程序，还要熟悉规范市场主体行为的法律，需要学习《中华人民共和国公司法》《中华人民共和国合伙企业法》《中华人民共和国独资企业法》《中华人民共和国外商投资法》和《中华人民共和国全民所有制工业企业法》等法律以及一些商事主体规范等内容。

2.4.2.6 改革创业教育模式

高等学校的创业教育应该通过更新教育理念，完善创业教育课程体系，优化双师型师资队伍，优化创业教育教学方法，提高创业教育效能。创业教育模式改革的首要任务是建立新的创业教育观。

（1）创业课程体系建设

高校创业教育的目标与国家的教育目的和高校的人才培养任务在精神和内涵上是一致的。因此，应该在高校整体人才培养体系框架内来考虑创业教育课程的设置。

（2）创业教学方法改革

创业教学思想和模式，随着现代社会和高等教育改革的发展必须发生根本的转变。创业教育不同于其他专业教育的关键之处在于它的创新性。从教学内容到教学方法都要求有本质上的突破。

（3）创业教育师资队伍建设

教师是实施创业教育的主要力量，教师通过创业教育不仅使学生获得创业知识技能，更为重要的是培养他们的创业精神。师资队伍的建设是长期的任务，除了不断补充配备优秀的高素质人才进入创业教师队伍之外，对现有教师的教育和培训也至关重要。

2.5 创业者的素质

创业者一般应具备以下素质后进行创业，大学生应该在在校期间有意识地进行自我培养、自我锻炼、自我提升，为创业打下良好的基础。

2.5.1 心理素质

创业者的心理素质是指创业者的心理条件，包括自我意识、性格、气质、情感等心理构成要素。作为创业者，自我意识特征应为自信和自主；性格应刚强、坚持、果断和开朗；情感更富有理性色彩。成功的创业者大多不以物喜，不以己悲。

（1）独立、自主的心理素质

创业者要有独立、自主的个性品质，主要体现在：自主抉择，即在选择人生道路、创业目标时，有自己的见解和主张；自主行为，即在行动上很少受他人影响和支配，能按自己的主张决策贯彻到底；行为独创，即能够开拓创新，不因循守旧、步人后尘。

（2）善于交流、合作的心理素质

创业需要与客户、公众、企业员工打交道，需要通过语言、文字等多种形式，与周围的人进行有效的交流与沟通。创业需要通过合作排除障碍、化解矛盾、增强信任，以解决工作中的问题，有助于事业的成功。

（3）敢于承担风险、勇于拼搏的心理素质

在市场经济大潮中，机会与风险并存。只要从事创业活动，就必然有风险伴随，事业的规模越大，取得的成就越大，随之而来的风险也越大，需要承担风险的心理压力也越大。立志创业，必须有胆有识、敢于实践、敢冒风险。

（4）克服盲目冲动的心理素质

在创业过程中，创业者要善于克制、防止冲动，积极有效地控制和调节自己的情绪，使自己的活动始终在正确的轨道上进行，不会因一时的冲动而引起缺乏理智的行为。

（5）坚持不懈、不屈不挠、顽强努力的心理素质

创业者需要百折不挠、坚持不懈的毅力和意志，能够根据市场的需要和变化，确定正确且令人奋进的目标，并带领员工摆脱逆境实现目标。创业者必须有一颗持之以恒的进取心。

（6）善于进行自我调节、适应性强的心理素质

面对市场的复杂变化和激烈竞争，创业者能否灵活地调整自我、适应变化，是创业成

功的关键所在。创业者应具有较强的适应性，要有周全的考虑，善于总结经验和吸取教训，能够面对现实及时作出适当的调整，为将来积蓄力量。

2.5.2 身体素质

身体是革命的本钱，一切工作都建立在身体健康的基础上。创业者拥有良好的身体素质、体力充沛、精力旺盛、思路敏捷，才能更好地发挥自己的能力。

现代企业的创业经营是复杂的，创业者会面临工作内容复杂、工作时间长、工作压力大等问题，如果身体素质不好，必然力不从心，难以承担创业重任。

2.5.3 知识素质

创业者的知识素质对创业起着举足轻重的作用。创业者要进行创造性思维，要做出正确决策，必须掌握广博的知识，具有一专多能的知识结构。

（1）专业知识

专业知识是创业者的饭碗，如果专业知识不扎实，如何让你的客户信服？

（2）财会知识

对政策法规规定的会计处理的具体方法、税务征收的管理办法都需要不断了解和学习。

（3）管理知识

作为创业者，要学习战略管理、市场营销、组织行为、人力资源、管理学等一系列的管理技能。

（4）产业知识

只有正确把握产业发展的动态，才有可能推动事业向正确的方向发展，进而取得成功。

2.5.4 能力素质

（1）创新能力

创新是创业者发掘机会，将机会转化成市场概念的过程，创新精神是创业者必备的能力素质。创业者需要不断训练自己的创新思维，将创新思维化作创新能力应用到生产力中。

（2）学习能力

人类社会进入知识经济时代，人们创造的知识总量越来越多，知识与技术的更新越来越快，新技术、新产品的生命周期越来越短。因此，创业者需要快速地学习、不断地学习，将知识运用到实践中。

（3）交际能力

人际交往能力是创业者不可或缺的能力之一。人际交往能力强的人，可以在关系网络中穿梭自如，解决别人难以解决的问题，大大提高工作效率，也能与周围同伴愉快地合作。商业社会人际关系的核心原则是互利双赢，人际关系稳固的根基是信誉，人际关系可持续发展的基本保障也是信誉。

(4) 领导能力

领导能力可以理解为一系列行为的组合,这些行为将激励人们追随成功创业者进行创业活动。在组织中的各个层次我们都可以看到领导力。

2.5.5 道德素质

创业道德是人们在创业过程中调整人与人、人与职业、人与社会各种行为规范的总合。它的主要功能是约束和引导人们的创业行为,维护创业秩序,为创业成功提供道德保障。

信用是一种现代社会不可或缺的个人无形资产。诚信的约束不仅来自外界,更来自创业者的自律形态和道德力量。企业社会责任问题日益受到各国政府和民众的广泛关注。《中华人民共和国公司法》(以下简称《公司法》)第十九条规定:公司从事经营活动,应当遵守法律法规,遵守社会公德、商业道德,诚实守信,接受政府和社会公众的监督。第二十条规定:公司从事经营活动,应当充分考虑公司职工、消费者等利益相关者的利益以及生态环境保护等社会公共利益,承担社会责任。国家鼓励公司参与社会公益活动,公布社会责任报告。因此,企业社会责任在我国具有法律地位。因此,企业社会责任在我国具有法律地位。企业得以持续经营,仅仅考虑经济因素是不够的,必须同时考虑环境和社会因素,承担起相应的环境和社会责任。

✦ 实践活动

选择一个创业成功人物分析其成功创业的必然条件。

第3章
数字化时代的商业模式及其创新

【案例】

得物——"社区+电商"双业务模式助推首发经济

国潮新品、品牌球鞋、潮服潮玩、联名款潮物、限量版艺术品……来自国内外有情怀、有个性的潮流消费品,在得物平台上一发布就迅速售罄。年轻人在这个充满新鲜感和潮流感之地收获满足和喜悦。国内外品牌则在得物平台提升品牌价值、驱动产品消费。其到底有着怎样的商业模式?为何国内外品牌都会选择在得物平台进行新品首发?

究其原因,可归纳为3个方面:其一,平台八成用户是"90后"人群,年轻消费市场具有很强的购买力和消费预期;其二,平台在传统电商模式的基础上增加鉴别真伪与查验瑕疵的服务,以"强中心化"定位深入管理把控全程,逐步成为年轻消费群体心中"品质""正品"电商代名词;其三,得物有强烈的社区属性,聚集了潮流消费达人、品牌方、爱好者等多元用户,具有持续输出优质专业生产内容、用户原创内容的能力,从而有效提升品牌认知度。

助推中国品牌,引领新一轮"国潮消费热"。为了持续推动国潮文化发展,得物平台通过开设"国货之光"专区,对商品质量好且履约行为良好的国潮商家,在交易费率和流量方面予以正向激励。支持国潮品牌的同时,也增强年轻用户对中国传统文化的认同感。

赋能国际大牌,让多元化新品走向中国。除了吸引中国品牌,得物平台同样也是国际大牌的"乐土"。一些头部品牌,都将得物平台作为线上新品首发地。通过"看评论-购物-再写评论"的模式,迅速提升单品和品牌知名度。

得物平台正在运用创新思维,对"网购体验"做出重新诠释。平台率先推出"先鉴别,后发货"的品控机制,提升线上商品的品质。得物平台还率先建立了全行业最大的潮流商品模型数据库,覆盖球鞋、箱包、配饰等品类,以高还原、高精度、标准化的方式为每件商品构建"数字孪生"。

正如得物创始人杨冰所言,平台所做的一切,都是希望更多用户通过得物得到美好事物,也希望平台能为全国形成强大内需市场、构建新发展格局贡献一份力量。

思考与启示:在这个案例中,我们可以清晰地看到数字化的力量:一个事物的数字化程度越高,人们对这个事物进行解读、解构、判断、分析、复制、预测的能力就越强。可见,数字化是混沌与明朗之间的"分水岭"。有了大数据支撑,更利于事物快速进步;没有大数据支撑,我们往往只能做出模糊的判断。

3.1 数字化时代

3.1.1 数字化时代概念

数字化时代是一个由互联网、移动互联网和大数据技术赋能的新时代，也是电子信息时代的代名词。这个时代的主要特征是人们广泛使用数字技术处理和传输信息进行交流和交易。具体来说，数字化是将复杂多变的信号转化为可以度量的数字或数据，再根据这些数据建立模型，最后通过计算机处理实现的过程。

在数字化时代中，每件物品的产生、管理、使用、销毁都是通过数字技术实现的，可以说这是一个由计算机中的 0 和 1 组成的时代。随着科学技术的不断发展，我们的生活也变得更加丰富多彩。同时，这也标志着人类社会从传统的物理资源为主的经济模式向以信息为核心的数字经济模式的转变。

3.1.2 数字化时代的演进

数字化被誉为继工业革命之后的又一重大革命。从源远流长的人类历史来看，能配得上"革命"一词的，都是指为社会带来整体效率大幅度提升的技术，革命过程的本质是更高效率来代替低效率。农业革命给人类带来了先进的耕种、畜牧、养殖技术，以农耕养殖取代了狩猎采集，从而使整个人类不再为了生存而奔波迁徙；工业革命使人类进入了电力、石油、工厂和机器的时代，以机器取代了手工劳动，以工厂取代了家庭作坊，从而创造了倍于农业社会的物质财富。现在，以互联网、物联网为特征的数字化时代，又一次促进了社会整体效率的大幅度提升。

3.1.2.1 工业社会——企业内部数字化

在计算机技术出现之前，企业的生产活动是通过手工操作、纸笔计算完成的，信息的传递以口头交流和纸质文件的传达为主，辅以电话通信。20 世纪 60 年代以来，个人生产活动中，从订单处理到账单支付，从计算机辅助设计到生产资料筹备，都逐渐实现了数字化。由于生产活动中的数据可以被捕捉和分析，生产活动的效率随之得到大幅度提升，引发了企业生产流程的标准化革命。

在没有互联网之前，这些数据的收集和应用仅限于个人的生产活动，只能存在于单个企业中，而单个企业仅仅是社会大分工中的一个环节而已。企业自身的效率再高，仍然会受制于上下游、整个产业链乃至整个市场的低效率运转。很多杰出的企业尝试进行产业链上下游之间的数据共享，但这需要巨大的投入，只有部分企业才能真正做到。如沃尔玛和宝洁公司为了达成数据化共享，曾经花费巨大的财力共同开发出一套复杂的电子数据交换连接系统，通过卫星通信实现了联网。

随着互联网的出现，数据互联共享变得简单了，成本也大幅下降。更多的企业通过数据共享实现个体生产活动与外部供应商、渠道和客户之间跨地域的协调与整合，甚至对全球的供应链系统进行紧密整合。

3.1.2.2 互联网时代——商品的数字化

互联网的第一个阶段,称作 Web 1.0 时期,又称门户时代。在这个时期,互联网就像是一个大的"信息栏",向人们展示天南海北的各种资讯;而互联网企业则是"搬运工",将现实生活中的商品、信息等都转化成后台的数据和代码,在互联网平台进行展示。短短10年,几乎所有现实生活中的商品都汇集成了各种数据,流向了互联网。新浪、搜狐、网易等互联网公司相继成立并在纳斯达克上市,中国互联网平台上的资讯呈爆发式增长,这一势头一直延续至今。阿里巴巴也在这一时期诞生,由此奠定了中国电商的基础。

商品的数字化就是将商品转化为数据库里的数据,再进行数字化运营。长久以来一直沿着空间发展的商业因此出现了突破性的变化,空间的唯一不可替代属性被打破。人们不但可以通过互联网了解一个商品,甚至可以比实体渠道了解得更加全面、透彻。在网上,人们可以从更多的维度来了解一个商品,如商品详情、各项指标数据、商品照片、消费者评论、商品成交记录等,这些信息能帮助我们更好、更直观地了解这个商品。像淘宝这样的企业,掌握了越来越多的购物数据,这些数据为支付宝的发展奠定了坚实的基础;通过对这些购物数据进行再次分析,衍生出了很多新的数据产品及服务,如数据魔方等。数据化的出现,极大地提升了整个商业发展的速度。

3.1.2.3 移动互联网时代——人与生活的数字化

(1)人的数字化

Web 2.0 时期又称搜索/社交时代。这一时期的重要标志是人不仅仅是数据的接收者,也开始成为数据的生产者。最开始网络上的信息来自人们的主动上传,所以人们掌握着筛选信息的主导权。现在,数据越来越丰富了,不仅仅是人们主动上传数据,同时各类 App、智能互联产品都成了信息的收集器,自动帮人们收集和上传各类数据。如果将所有的互联网企业连成一个整体,形成一个后台,百度、阿里巴巴、腾讯、今日头条、京东、当当、亚马逊、携程等都在这个后台上。人们会发现,在这个大后台上,个人几乎没有任何秘密可言,一举一动都被数字化了——每天走过哪些路、做了什么事情、吃了什么、遇见了什么人、聊了什么、一年坐了多少次飞机、从哪里到哪里、住过哪些酒店等。随着智能手机的普及、基于移动位置服务技术的发展,我们的生活轨迹以数字的形式被留在了互联网上。

(2)生活服务的数字化

2013 年起,线上到线下商业模式(online to offline,O2O)出现,许多必须去实体店才能享受的服务也开始了数字化。这个时期,叫 Web 3.0 时期。各个服务行业都涌现出了大量的 App,如医疗、家政、旅游、美容、餐饮等,人们不但在网络上购买有形的商品,也开始从网络购买无形的服务。这大大方便了企业与消费者之间的进一步对接,企业开始为消费者提供无缝服务。消费者通过互联网了解到各种生活服务的细节、价格、其他消费者反馈的信息等,经过合理比较,选择需要的服务、支付方式和服务时间,之后由企业在线下为消费者提供上门或者到店服务,服务完成之后,消费者又通过互联网把自己对该项服务的评价和反馈信息分享给其他消费者。这一时期,服务业也迅速数字化,线上线下的一体化进程加快。

在个人计算机（PC）互联网时代，人们主要是把产品、信息、资讯往互联网上搬运；而在移动互联网时代，每个人手上都有一台智能手机，人与互联网、人与人在各种互动中产生了大量的数据，从而完成了人的数字化，进而把过去只能在实体店实现的服务产品都虚拟化、数字化。现在可以在互联网上找到大量信息，社会的整体效率大幅提高。信息、商品、人、服务等，都融入了互联网这个虚拟社会中。但是，数据化和虚拟化是没有止境的，物联网时代悄然来临，数据化的触角将延伸至更深的领域。

3.1.2.4 物联网时代——万物皆可数字化

所谓万物的数字化，就是万事万物都可以转换为数字，一栋房子、一盏灯、一台空调，甚至一个凳子都可以产生数字。在未来，所有的实物都可以产生数字，并且能连接到互联网上进行互联互通。

从技术上来说，这并不难实现，只要给实物装上一个传感器，就如同给它赋予了触觉、嗅觉和视觉，然后万物就如同人一样，可以看、可以听、可以触摸；同时通过算法和程序，将它们看到的、听到的、接触到的信息转化为各种各样的数字并且连接到互联网上。假如给冰箱安装上传感器，就可以将存储物品的多少、食物的保鲜程度等情况形成数据；给房间安装上传感器，就可以随时随地把室内的温度、湿度等信息形成数字，再配上软件程序控制，实现远程遥控；在车的轮胎上装上传感器，就可以随时随地监测轮胎的磨损程度，给车主提供轮胎维护建议，甚至更优的车速建议等，这是米其林这种专业轮胎公司现在正在努力研发的方向。

所谓物联网，就是把这些实物产生的数据用互联网的技术连接起来。物联网的进程，第一步是满足消费者的消费需求，第二步是完善物联网的基础设施，第三步深化到满足企业的生产需求。现在是物联网的第一阶段。物联网技术最终将走入工厂内部，真正改善生产效率和生产能力。例如，将一家工厂的每一台机器都装上传感器，用互联技术连接起来，然后通过数据监测每一台机器的状态，这样就可以控制每一台机器。在此基础上再通过一系列的软件，就可以实现工厂的自动化，甚至柔性化生产。这就是未来工业4.0的发展方向，通过物联网技术大幅提高工厂的效率，如果能和外部的供应链进一步联网并实现柔性供应链，就能应对未来用户不断上升的个性化定制需求。

3.1.2.5 人工智能时代——注重创新和个性化

21世纪初至今，这个阶段主要是利用数字技术对信息进行智能化处理，如人工智能、机器学习等。随着计算机技术的发展，人们开始尝试让机器自动处理和分析数据，从而提高处理效率，减轻人的工作负担。这就涉及了人工智能和机器学习等技术。通过这些技术，机器可以自动学习和理解数据，然后做出决策或者预测。随着计算能力的提升和大数据的积累，人工智能和机器学习将在数字化的发展中发挥更大的作用。它们将更好地帮助人们理解和利用数据，提高决策的准确性和效率。随着大数据和人工智能技术的发展，数字化将更加注重个性化和定制化，提供更符合个人需求和喜好的服务。随着新一代信息技术的不断发展，人工智能（AI）将在各个领域得到广泛应用，包括医疗保健、交通、教育、农业、金融等，未来，人工智能实验室将继续推动人工智能技术在这些领域的创新应用，同时为解决全球性问题和人类社会进步提供有力支持。

3.1.3 我国进入数字化时代

（1）市场规模全球最庞大

2023年初世界总人口突破80亿，达到80.1亿，超过57%的人口居住在城镇。2023年初，全球手机用户数量为54.4亿，占全球总人口的68%。与2022年相比，手机用户增长了3%以上，新增用户1.68亿。全球互联网用户数量为51.6亿，占总人口的64.4%。《中国互联网络发展状况统计报告》显示，截至2023年12月，我国网民规模达10.92亿人，较2022年12月新增网民2480万人，互联网普及率达77.5%。国家顶级域名".cn"数量为2013万个；互联网宽带接入端口数量达11.36亿个；累计建成5G基站337.7万个，覆盖所有地级市城区、县城城区；发展蜂窝物联网终端用户23.32亿户，较2022年12月净增4.88亿户，占移动网终端连接数的比例达57.5%；由5G和千兆光网组成的"双千兆"网络，全面带动智能制造、智慧城市、乡村振兴、文化旅游等各个领域创新发展，为制造强国、质量强国、网络强国、数字中国建设提供了坚实基础和有力支撑。从互联网用户数量、移动互联网用户数量这两个最重要的指标来看，中国已成为全世界规模最大的互联网市场。

（2）用户群体全球最活跃

研究机构QuestMobile发布的《中国互联网核心趋势年度报告（2023）》显示，2023年，中国移动互联网月活跃用户规模已经突破12.24亿，全网月人均使用时长接近160小时，同时，各平台小程序（微信、支付宝、抖音、百度）去重后月活跃用户数量达到9.8亿，在这种规模效应下，互联网应用生态繁荣度持续提升，内容以线上、线下结合应用形式正在快速"聚变"，互联网广告市场规模将达到7146.1亿元，同比增长7.6%，预计到2024年，这一数据将突破7800亿元。

随着流量精细化运营，平台的流量商业开发持续推动，平台变现模式包括广告、电商、会员（增值）服务、游戏、金融及内容合作、云服务等。2023年国内互联网市场收入规模突破3.33万亿元，其中，互联网广告规模突破7146亿元。在这个过程中，用户需求的变化，包括用户兴趣结构的变化、消费诉求的变化，成为核心牵引力，构建起数字内容、实物商品两大交易板块，其中数字内容方面，从内容知识产权产业链到品牌知识产权模式，已经成为各平台和品牌商的核心关注点；实物商品方面，性价比和品质消费成为各平台和商家主要竞争的核心。随着5G应用深入，智能家居、智慧汽车、智能穿戴等在内的"泛智能"场景持续崛起。互联网电视用户量持续增长，成为手机、台式电脑、笔记本电脑、平板电脑之后的"第五极"，到2023年6月，互联网设备占比已经达到26.8%，春节期间突破3亿，日常也维持在2.7亿左右，其中，小米、海信、创维分别达到5088万、4248万、4217万。

近几年，中国数字经济规模持续高速增长。根据中国信息通讯院发布的报告，2016—2022年，中国的数字经济增长规模为4.1万亿美元，年均复合增长率为14.2%，远超其他国家。同时，新一代信息通信技术在垂直行业的融合应用一直在加速，大数据、人工智能、智能网联汽车等战略性新兴产业持续发展，成为经济发展的新引擎，并实现从量变到质变的突破。尤其是生成式人工智能大模型的爆发，各大互联网公司、人工智能公司、电信运营商以及诸多学术机构纷纷加入其中，投入人工智能大模型研发和生产浪潮中。人工智能的突破，给诸多创新带来了新的增长空间：在智能家居、硬件等场景，大模型可以赋能智能音箱、智能耳机、智能电视，乃至智能穿戴设备，将单品变成软硬件一体的多功能设备，创造全新的用户需求；在智慧出行领域，智慧座舱、虚拟化技术结合"智慧灵魂"，全新的需求将在瞬间涌现。

3.2 数字化时代的商业模式

3.2.1 商业模式

商业模式已经成为挂在创业者和风险投资者嘴边的一个名词。几乎每一个人都确信，有了一个好的商业模式，成功就有了一半的保障。那么，到底什么是商业模式？它包含什么要素？又有哪些常见类型呢？

3.2.1.1 商业模式的概念

商业模式是指为实现客户价值最大化，把能使企业运行的内外各要素整合起来，形成一个完整的高效率的具有独特核心竞争力的运行系统，并通过最优实现形式满足客户需求、实现客户价值，同时使系统达成持续赢利目标的整体解决方案。

人们在文献中使用商业模式这一名词的时候，往往模糊了两种不同的含义：一种是简单地将它看作公司从事商业的具体方法和途径；另一种则是更强调模型方面的意义。这两者实质上是不同的：前者泛指一个公司从事商业的方式，而后者指的是这种方式的概念化。后一种观点的支持者提出了一些由要素及其之间关系构成的参考模型（reference model），用以描述公司的商业模式。

3.2.1.2 商业模式的类型

（1）运营性商业模式

重点解决企业与环境的互动关系，包括与产业价值链环节的互动关系。运营性商业模式创造企业的核心优势、能力、关系和知识，主要包含以下几个方面的主要内容：

①产业价值链定位　企业处于什么样的产业链条中，在产业链中处于何种地位，企业结合自身的资源条件和发展战略应如何定位。

②盈利模式设计（收入来源、收入分配）　企业从哪里获得收入，获得收入的形式有哪几种，这些收入以何种形式和比例在产业链中分配，企业是否对分配有话语权。

（2）策略性商业模式

策略性商业模式对运营性商业模式加以扩展和利用。策略性商业模式涉及企业生产经营的方方面面。

①业务模式　企业向客户提供什么样的价值和利益，包括品牌、产品等。

②渠道模式　企业如何向客户传递业务和价值，包括渠道倍增、渠道集中、压缩等。

③组织模式 企业如何建立先进的管理控制模型，如建立面向客户的组织结构，通过企业信息系统构建数字化组织等。

每一种新的商业模式的出现，都意味着一种创新、一个新的商业机会的出现，谁能率先把握住这种商业机遇，谁就能在商业竞争中先拔头筹。

3.2.1.3 商业模式的核心原则

商业模式的核心是商业模式的内涵、特性，是对商业模式定义的延伸和丰富，是成功商业模式必须具备的属性。它包括客户价值最大化原则、持续盈利原则、资源整合原则、创新原则、融资有效性原则、组织管理高效率原则、风险控制原则和合理避税原则八大原则。

(1) 客户价值最大化原则

一个商业模式能否持续赢利，与该模式能否使客户价值最大化有必然关系。一个不能满足客户价值的商业模式，即使盈利也一定是暂时的、偶然的，而不具有持续性。反之，一个能使客户价值最大的商业模式，即使暂时不盈利，终究也会实现盈利。所以我们应该把对客户价值的实现再实现、满足再满足当作企业始终追求的主观目标。

(2) 持续盈利原则

企业能否持续盈利是我们判断其商业模式是否成功的唯一的外在标准。因此，在设计商业模式时，盈利和如何盈利也就自然成为重要的原则。当然，这里指的是在法律允许范围内持续盈利。持续盈利是指既要盈利，又要能发展后劲，具有可持续性，而不是一时的偶然盈利。

(3) 资源整合原则

整合就是要优化资源配置，就是要有进有退、有取有舍，就是要获得整体的最优。在战略思维的层面上，资源整合是系统论的思维方式，是通过组织协调，企业内部彼此相关但却各自分离的职能，企业外部既参与共同的使命又拥有独立经济利益的合作伙伴整合成一个为客户服务的统一，取得1+1>2的效果。在战术选择的层面上，资源整合是优化配置的决策，是根据企业的发展战略和市场需求对有关的资源进行重新配置，以凸显企业的核心竞争力，并寻求资源配置与客户需求的最佳结合点，目的是通过组织制度安排和管理运作协调来增强企业的竞争优势，提高客户服务水平。

(4) 创新原则

时代华纳前首席执行官迈克尔·恩说："在经营企业的过程中，商业模式比高技术更重要，因为前者是企业能够立足的先决条件。"商业模式的创新形式贯穿于企业经营的整个过程之中，贯穿于企业资源开发研发模式、制造方式、营销体系、市场流通等各个环节，也就是说，在企业经营的每一个环节上的创新都可能变成一种成功的商业模式。

(5) 融资有效性原则

融资模式的打造对企业有着特殊的意义，尤其是对中国广大的中小企业来说更是如此。企业生存需要资金，企业发展也需要资金，企业快速成长更是需要资金。资金已经成为所有企业发展中绕不开的障碍和很难突破的瓶颈。谁能解决资金问题，谁就赢得了企业发展的先机，也就掌握了市场的主动权。从一些已成功的企业发展过程来看，无论其表面上对外阐述的成功理由是什么，都不能回避和掩盖资金对其成功的重要作用，许多企业就是没有建立有效的融资模式而失败了。如巨人集团，仅仅因为近千万元的资金缺口而轰然倒下；曾经与国美不相上下的国通电器，拥有过 30 多亿元的销售额，也仅因为几百万元的资金缺口而销声匿迹。所以说，商业模式的设计很重要的一环就是要考虑融资模式。甚至可以说，能够获得融资并能合理利用的商业模式就已经是成功一半的商业模式了。

（6）组织管理高效率原则

用经济学的眼光衡量，决定一个国家富裕或贫穷的砝码是效率，决定企业是否有盈利能力的也是效率。按现代管理学理论来看，一个企业要想高效率地运行，首先要解决的是企业的愿景、使命和核心价值，这是企业生存、成长的动力，也是员工努力工作的理由；其次是要有一套科学、实用的运营和管理系统，解决系统协同、计划、组织和约束问题；最后还要有科学的奖励激励方案，解决如何让员工分享企业的成长果实的问题，也就是向心力的问题。只有把这 3 个主要问题解决好了，企业的管理才能实现高效率。万科、联想、华润、海尔等大公司，在管理模式的建立上都是可圈可点的，值得我们学习。

（7）风险控制原则

设计再好的商业模式，如果抵御风险的能力很差，也会像在沙丘上建立的大厦一样，经不起任何风浪。这个风险指系统外的风险，如政策、法规和行业风险；也指系统内的风险，如产品的变化、人员的变更、资金的不继等。

（8）合理避税原则

合理避税不是逃税。合理避税是在现行的制度、法律框架内，合理地利用有关政策，设计一套利于利用政策的体系。合理避税做得好也能大大增加企业的盈利能力。

3.2.2　数字化时代商业模式的变化

数字化转型已被提出多年，许多企业都把它作为一项重要的战略。在过去的几年里，越来越多的企业实施数字化转型战略，以应对不断变化的客户偏好和新技术创新带来的发展变化。

（1）改变企业文化

企业数字化转型始于组织文化的变革。为了让企业在数字领域具备竞争力，必须有一种倾向于数字化转型的文化。如果没有合适的文化，企业在网络领域的竞争能力将受到严重的限制。成功进行数字化转型的公司基本已经改变了他们的组织文化，从而使他们能够做出必要的组织调整，进而在数字领域具备竞争力。为了改变企业文化，打开数字化转型的大门，企业必须从改变员工招聘办法、培训方法和绩效奖励方式等做起。数字化转型中还要改变企业发展目标、组织结构和核心价值，以适应时代的要求。

（2）数字化驱动的产品创新

成功的数字化转型取决于创新。如果希望企业在数字化时代中保持竞争力，必须在产品创新上投入必要的资源，如果仍然依靠传统的产品开发，就有可能在数字化转型中落后，并将关键的市场份额输给更具创新性的竞争对手。产品创新是一个持续性的过程，随着技术和消费者偏好的发展而发展。一旦企业停止在产品创新上投资，就会有落后于竞争对手的风险，而且很可能永远也追不上。同时企业要有足够的资源将它们推向市场，为了成功地进行数字化转型，必须尽快将创新的想法转化为实际生产实施。

(3) 打造独特的客户体验

企业需要让客户在接触公司、购买产品到后续服务的过程中都能感受到一致的体验。在过去，客户可能只期待传统渠道上的一致性，但如今客户期望所有渠道、设备和应用程序都能提供趋于一致的体验，尤其是涉及全球基金投资和解决方案等专业服务方面。作为数字化转型的领导者，企业的主要任务是创造与众不同的客户体验，以满足客户的特定需求。需要整合各种渠道和数字资源，让它们流畅地协同工作，为客户提供他们期望的体验。

(4) 建立数字平台

企业应该建立和利用数字平台，为客户在所有渠道提供一致的客户体验。除了提供一致的客户体验外，数字平台还为公司提供了节省成本、进入新市场和提高员工生产力等优势。作为数字化转型的领导者，企业必须利用单点登录系统解决方案，该解决方案允许客户在所有数字渠道中一次性进行身份验证，让用户体验到方便快捷。

(5) 巩固和精减核心流程

数字化转型不仅涉及利用新技术和数字平台，它还包括精简核心业务流程，以便能够快速、准确和有效地完成这些流程。有许多方法可以简化企业核心业务流程，包括标准化和自动化的重复性任务，这就要求企业有优先采用数字的心态并尽可能利用人工智能驱动的技术。

(6) 自下而上地进行数字审计

如果想实施一个有效的数字化转型战略，必须首先了解企业客户目前是如何体验产品和服务的。而数字审计将更加深入了解客户的需求、期望和痛点。企业可以通过多种方式进行数字审计，最好的方法是直接询问客户。可以通过在线调查进行数字审计，将数字反馈工具集成到公司的各种平台中。进行数字审计将帮助企业确定需要改进的领域，从而实现客户的数字体验的一致性和个性。

3.3 数字化时代商业模式的创新

成功的商业模式要能提供独特价值。这个独特的价值可能是新的思想；而更多的时候，是产品和服务独特性的组合。数字化时代的商业模式，不同于互联网商业模式，不仅适用于互联网企业，也适用于各行各业；介绍商业模式创新，不同于介绍商业模式本身，主要是谈创新的不同之处。数字化时代的商业模式创新，中心是围绕做强做优，培育具有国际竞争力的世界一流企业。

3.3.1 商业环境的变化

商业模式创新受制于环境的变化。

(1) 垄断竞争融合引发市场结构变革

数字化导致出现了新的市场结构。在工业化条件下，市场只有3种市场结构，即完全垄断、完全竞争和垄断竞争。但数字化带来了第四种市场结构，这就是新垄断竞争结构。其特点是统分结合双层经营，即平台自然垄断，应用完全竞争。例如，平台中的应用市场是垄断的，而App是完全竞争。中国互联网上市公司，如腾讯、阿里巴巴等，基本是这个模式。互联网免费模式，就是以新垄断竞争结构为前提的。

(2) 平台应用融合引发企业模式变革

数字化使产业与企业之间的业态发生变化，产生了平台基础业务与应用增值业务的分离，以及分离基础上的相互融合。如阿里巴巴平台与网店店主构成的商业生态系统。

(3) 线上线下融合引发业务模式变革

数字化带来以O2O为代表的线上线下融合。在一对一营销服务的大数据业务支持下，数据业务将日益成为各行各业的核心业务。出现各行各业传统业务零增长，而数据增值业务高速增长的新竞争景象。

3.3.2　商业模式创新合理性检验

创新需要思想和知识因素的参与，但在本质上创新属于实践活动，创新的结果和效果都要以对象化的形式在现实世界中体现出来。所以，从这个方面来说，实践是检验创新的最重要标准。创新实践产生的效果如何，要在与其发生关系的外部活动中进行验证，在更大尺度的参照系统中给予评价。应该从逻辑、经济、文化、法律和伦理的角度对商业模式创新进行检验。

(1) 逻辑检验

逻辑检验可以从下面两个方面进行：一是能否为客户提供独特的价值，以及能否实现利益相关者的共赢。商业模式创新过程就是从客户角度出发，发挥想象力来看怎样让事情变得更好的过程，其关键在于营造出一种新的优于现存方法的为客户解决问题的方案。因而能否为客户创造更多的价值应是其创新成功与否的标准。所以，商业模式创新的目标是以最合适的方式提供给客户产品或服务，并剔除客户不需要的东西。另外，长期而言，为了保证企业商业模式创新的成功，企业需要不断地改善与其利益相关者之间的关系，依法履行社会义务，而且承担起相应的社会责任，实现与利益相关者之间的共赢。二是商业模式是否难以模仿。一个好的商业模式会让一个企业具有明显的竞争优势，而优势将呈现在差异化上，专注于利己市场以及具有以低成本创造高价值的能力。也就是说，一个成功的商业模式能将波特提出的3种创造竞争优势策略，即成本、差异、专注，加以充分融合运用。总之，商业模式需要使企业能在利己市场高效（低成本）地提供差异化产品，创造价值，满足顾客需求。

(2) 经济检验

创新追求实现为资源投入创造更好的价值与效益，创新的实践效果自然包括经济效果。在生产领域，利润标准和生产率标准更是创新检验的主要标准。这就需要对市场的规模和盈利率、消费者的消费行为和心理、竞争者的战略和行动进行分析和假设，从而估计出关于成本、收入和利润的量化数据以评价经济上的可行性。当测算出的损益达不到要求时，商业模式创新不能通过经济检验。

商业模式既然是企业价值创造的核心逻辑，判断其优劣的标准就是创造价值的效率。优秀的商业模式占用（消耗）一定资源可以为社会提供更有价值的产品和服务；或者具备优秀商业模式的企业为社会提供一定的产品和服务会占用（消耗）较少的资源。当企业决定成本结构与收益模式时，也决定企业能拥有多少价值，而这也是商业模式是否可以存续的最关键因子。当然，为顾客创造价值不代表公司就能够获利，企业要与供应商、顾客、竞争者、替代品、互补品相互角逐才能决定利润归属。而决定公司的利润还需要考虑以下几个因素：专用性资源、资源稀缺性、资源替代性、资源可模仿性、能力不可捉摸性、网络外部性、时间困难性、运用战略对抗模仿、整合关联资源等。在考虑利润的同时需要注意成本。利润是指收益与成本之间的差额，能降低成本即表示利润可进一步提升。在企业实践中经常可以发现，企业家和工程师着迷的技术并不是顾客的需求，创业者或企业所提供的产品或服务并不是顾客的真正需求。例如，摩托罗拉是一家以技术领先著称的公司，曾经为全球的通信技术带来了一场又一场的革命。但是，对技术的过度偏执恰恰也成为摩托罗拉的梦魇。1999年铱星计划惨败，证实了一味追求技术领先而忽略消费市场有效匹配后果严重，摩托罗拉先后投资的数十亿美元化为乌有。

（3）文化检验

不同行业和不同性质的企业生存和发展的环境不同，意味着没有哪两个企业会有着完全相同的商业模式。一个企业的商业模式应当仅仅适用于自己的企业，不可能被其他企业原封不动地照搬。要分析其运作的流程，结合自身的资源、能力，打造出自己独特的商业模式。人文资源把文化价值、审美价值、生态伦理价值等要素融入商品的开发设计和市场推广中，促进其优化升级，实现质变，通过提供创新的深层动力和智力保障，使新的产业形态得以构筑。新经济时代的经济产品同时也是文化产品，经济性和文化性兼容并蓄。文化中折射出经济的要素和商品的属性。文化差异主要是指企业在开展全球化经营的过程中，在商业模式创新方面需要考虑文化上的差异，将创新与当地文化契合。

（4）法律与伦理检验

当前人们一直把创造利润的多少作为商业模式成功与否直接而唯一的判断标准，这是不完整的。一个好的商业模式当然应关注利润，但同时应兼顾能否为所涉及的用户带来更大价值，能否给社会带来好处。在当今社会，如果企业只追求利润而不考虑企业伦理，则企业的经营活动将越来越为社会所不容，必定会被时代淘汰。也就是说，如果在企业经营活动中没有必要的法律意识和伦理观指导，经营本身就不能成功。

商业模式创新者应深谙法律精神，而不仅仅是遵守法律条款，只有符合社会伦理要求，深深植入了社会责任，才能创造一个真正长期有效的、能被整个社会所接受的商业模式。

◈ **实践活动**

分小组策划制作一个校园快递服务 App。

第4章 创业团队

【案例】

从唐僧师徒四人看团队

什么是优秀的团队呢？一个人的力量再强大，也不可能代替一支优秀的队伍。尤其是在企业中，没有一支优秀的团队，可能连最基本的执行力都没有，那么优秀的团队是什么样子呢？

《西游记》是中国四大名著之一，几乎每一个中国人都对其中的角色耳熟能详。《西游记》中看似并没有关于企业的任何信息，但是如果细心观察唐僧师徒四人，我们会发现一个优秀团队必备的几个要素。

首先我们从师徒四人中的师父唐僧说起。唐僧是一个什么样的人呢？从性格方面分析，他应该是一个办事严谨、注重承诺、为人低调，对理想有一种超乎常人的追求和执着，不管任何艰难险阻，也要达成目的，具有不达目的誓不罢休的精神。在一个团队中这样的人就是团队的精神支柱，因为他的坚持、执着和理想，是这个团队前进的方向，他充当的是一个舵手的角色。但是这样的人也是有缺点的，一个为了理想而执着的人会表现出理想主义和完美主义，死板不灵活，在现实社会中是要吃亏的。要达成理想，只有请大徒弟孙悟空出场了。孙悟空是一个基本上不按常理出牌的人，天不怕、地不怕、本领高强。从性格方面分析，孙悟空争强好胜、情感外露、认定的事很难改变，以自我为中心，自信心过强。他是这个团队的攻坚高手，没有任何困难能难住他，但是这样的人同样有着明显的不足，那就是傲气十足、目中无人。作为舵手的唐僧能靠紧箍咒来约束他。紧箍咒可以被理解为物质层面的东西，也可以理解为是精神层面的东西，是能让这么一位能打能拼的高手去拼搏的东西。团队有了唐僧又有了孙悟空，是不是就完整了呢？并非如此。还有二徒弟猪八戒。八戒在大家的印象中，可能是好吃懒做、胆小怕事。但是大家却忽视了二徒弟最大的优点，那就是有二徒弟的地方就有欢乐，这是一个团队中不可或缺的组成部分，他是大家的开心果，让大家在工作中心情愉快，让枯燥的工作变得生动而又活泼。一个给我们带来快乐的同事是会受到欢迎的，所以猪八戒是团队中不可或缺的。说到这里，很多人都会问，这样沙僧是不是就不重要了呢，因为他实在是太不起眼了。西游记中关于沙僧的戏份少之又少，但沙僧才是这个团队的基石。沙僧虽然能力有限，但勤勤恳恳、任劳任怨，其执行力是一流的，这对于一个团队来说是至关重要的。

思考与启示：分析唐僧师徒四人在团队中的角色定位和发挥的作用。

4.1 创业团队的含义和作用

4.1.1 创业团队的含义

团队,是指认同一个共同目标和一个能使他们彼此担负责任的秩序,并共同为达成高品质的结果而协作互助的一群人。是否有共同的目标是团队区别于群体的重要特征。

创业团队是指由两个以上具有一定利益关系的,彼此通过分享认知和合作行动以共同承担创建企业责任的,处在企业高层主管位置的人共同组建形成的有效工作群体。狭义的创业团队指有着共同目的、共享创业收益、共担创业风险的一群创建企业的人;广义的创业团队则不仅包括狭义的创业团队,也包括参与创业过程的各种利益相关者,如风险投资家、专家顾问等。需要注意的是,创业团队是一个特殊的群体,创业团队工作绩效大于所有成员独立工作的绩效之和,创业团队对创业成功与否具有重要的价值,创业团队是高层管理团队的基础和最初的组织形式。

大学生创业团队,是指具备共同理念的高校大学生,凭借自身的不同专业知识,围绕一个新的产品项目、新的技术或新的服务思想而组织起来的以创业为共同目标的一种组织形式。我国大学生创业团队的发展现状并不尽如人意,其中创业团队人员流失率高是一种普遍现象。

随着创业规模的不断扩大,有些创业团队产生分裂,除了队员能力与发展方向和组织要求不适应之外,更多的冲突源于创业团队从创业阶段向集体化阶段的过渡和团队的后期管理。创业团队的管理和发展问题是大学生创业者必须重视和学习的。

4.1.2 创业团队的作用

(1)提高识别机会的能力

创业团队可以充分利用成员的知识、经验和学历背景的不同特长,使团队更加科学合理识别创业机会,避免决策的失误。同时,团队也可以利用成员的社会联系,有效获得开发机会所需要的资源,增加机会开发成功的可能性。

(2)提高企业运作能力

充分发挥每个人的优势,将团队成员的技能和经验聚集起来,能帮助团队应对如技术研究开发、市场营销、财务管理、质量管理、客户关系管理等多方面的挑战。

(3)有利于创造良好的心理环境

团队的良好氛围能够促进业绩提升,团队成员在为了共同的目标而努力的过程中更容易形成相互信任、相互鼓励的氛围,这种良好的环境能够支持团队克服困难、创造更好的业绩。

4.2 创业团队的构成要素

创业团队需具备 5 个重要的组成要素,称为 5P,包括目标(purpose)、人(people)、创业团队的定位(place)、权限(power)、计划(plan)。

4.2.1 目标

没有目标，团队就没有存在的价值。创业团队应该有一个既定的共同目标，为团队成员导航，明确方向。目标在创业企业的管理中以企业的发展远景、中长期战略的形式体现。

4.2.2 人

人是构成创业团队最核心的力量。3个人就可以形成一个群体，当群体有共同奋斗的目标就形成了团队。在一个创业团队中，人力资源是所有创业资源中最活跃、最重要的资源。要充分调动创业者的各种资源和能力，将人力资源进一步转化为人力资本。目标是通过人来实现的，所以人员的选择是创业团队中非常重要的一个部分。在一个团队中可能需要有人做规划，有人定程序，有人实施，有人协调不同的人一起去工作，还有人监督创业团队工作的进展，评价创业团队最终的贡献，不同的人通过分工来共同完成创业团队的目标。在人员选择方面要考虑人员的能力与经验如何，技能是否互补。

4.2.3 创业团队的定位

(1) 创业团队的定位

创业团队在企业中处于什么位置，由谁选择和决定团队的成员，创业团队最终应对谁负责，创业团队采取什么方式激励下属。

(2) 个体(创业者)的定位

作为成员在创业团队中扮演什么角色，是制订计划还是具体实施或评估；是大家共同出资，委派某个人参与管理，还是大家共同出资，共同参与管理，或是共同出资，聘请第三方(职业经理人)管理，这体现在创业实体的组织形式上，是合伙企业或是公司制企业。

4.2.4 权限

创业团队当中领导人的权力大小，与其团队的发展阶段和创业实体所在行业相关。一般来说，创业团队越成熟，领导者所拥有的权力相应越小，在创业团队发展的初期阶段，领导权相对集中。

4.2.5 计划

计划有两层含义：一是目标最终的实现需要一系列具体的行动方案，可以把计划理解成达到目标的具体工作程序。二是按计划进行可以保证创业团队的进度。只有在计划的操作下创业团队才会一步一步地贴近目标，从而最终实现目标。

4.3 创业团队的类型

从不同的角度、层次和结构，可以将创业团队划分为不同类型。依据创业团队的组成者来划分，创业团队有星状创业团队(star team)、网状创业团队(net team)和从网状创业团队中演化而来的虚拟星状创业团队(virtual star team)。

4.3.1 星状创业团队

一般在团队中有一个核心人物（core leader），充当领队的角色。这种团队在形成之前，一般是核心人物有了创业的想法，然后根据自己的设想进行创业团队的组织。因此，在团队形成之前，核心人物已经就团队组成进行过仔细思考，根据自己的想法选择相应人员加入团队，这些团队成员在企业中更多时候是支持者的角色（supporter）。

这种创业团队有几个明显的特点：

①组织结构紧密，向心力强，主导人物在组织中的行为对其他个体影响巨大。

②决策程序相对简单，组织效率较高。

③容易形成权力过分集中的局面，从而使决策失误的风险加大。

④当其他团队成员和主导人物发生冲突时，因为核心主导人物的特殊权威，使其他团队成员在冲突发生时往往处于被动地位，在冲突较严重时，一般都会选择离开团队，因而对组织的影响较大。

这种组织的典型案例有阿里巴巴。当初，创始人马云意识到互联网在未来的巨大发展前景，想要创业做互联网公司，寻找了17个合伙人，他们分别在技术、市场、管理等方面拥有专长，组建了最初的创业团队。

4.3.2 网状创业团队

这种创业团队的成员一般在创业之前都有密切的联系，如同学、亲友、同事、朋友等。一般是在交往过程中，共同认可某一创业想法，并就创业达成了共识以后，开始共同创业。在创业团队组成时，没有明确的核心人物，大家根据各自的特点进行自发的组织角色定位。因此，在企业初创时期，各位成员基本上扮演的是协作者或者伙伴（partner）角色。

这种创业团队的特点：

①团队没有明显的核心，整体结构较为松散。

②组织决策时，一般采取集体决策的方式，通过大量的沟通和讨论达成一致意见，组织的决策效率相对较低。

③由于团队成员在团队中的地位相似，容易在组织中形成多头领导的局面。

④当团队成员之间发生冲突时，一般都采取平等协商、积极解决的态度消除冲突，团队成员不会轻易离开。但是一旦团队成员间的冲突升级，使某些团队成员撤出团队，就容易导致整个团队的涣散。

这种创业团队的典型是微软的比尔·盖茨和童年玩伴保罗艾伦，惠普的戴维·帕卡德和他在斯坦福大学的同学比尔·休利特等。多家知名企业的创建是基于一些互动激发出创业点子，然后合伙创业。

4.3.3 虚拟星状创业团队

这种创业团队是由网状创业团队演化而来，基本上是前两种类型的中间形态。在团队中，有一个核心成员，但是该核心成员地位的确立是团队成员协商的结果，因此，核心人物从某种意义上来看是整个团队的代言人，而不是主导人物，其在团队中的行为必须充分考虑其他团队成员的意见，不像星状创业团队中的核心主导人物那样有权威。

4.4 创业团队的组建

4.4.1 创业团队组建的基本原则

（1）目标明确合理原则

目标必须明确，这样才能使团队成员清楚地认识到共同的奋斗方向是什么。目标必须是合理、切实可行的，这样才能真正达到激励的目的。

（2）成员互补原则

创业者寻求团队合作，其目的就在于弥补创业目标与自身能力间的差距。只有当团队成员相互间在知识、技能、经验等方面实现互补时，才有可能通过相互协作发挥出"1加1大于2"的协同效应。

（3）精简高效原则

为了减少创业期的运作成本、最大限度地分享成果，创业团队人员构成应在保证企业能高效运行的前提下尽量精简。

（4）动态开放原则

创业过程是一个充满了不确定性的过程，团队中可能因为能力、观念等多种原因不断有人离开，同时也有新人加入。在组建创业团队时，应注意保持团队的动态性和开放性，使合适的人员能被吸纳到创业团队中。

4.4.2 创业团队的组建程序及其主要工作

创业团队的组建是一个相当复杂的过程，不同类型的创业项目所需的团队不同，创建步骤也不完全相同。创业团队组建的主要工作如下：

（1）明确创业目标

创业团队的总目标就是要通过完成创业阶段的技术、市场、规划、组织、管理等各项工作，实现企业从无到有、从起步到成熟。总目标确定之后，为了推动团队最终实现创业目标，再将总目标加以分解，设定若干可行的阶段性子目标。

（2）制订创业计划

在确定了每个阶段性子目标以及总目标之后，紧接着就要研究如何实现这些目标，这就需要制订周密的创业计划。创业计划是在对创业目标进行具体分解的基础上，以团队为整体来考虑的计划，创业计划确定了在不同的创业阶段需要完成的阶段性任务，通过逐步实现这些阶段性目标来最终实现创业目标。

（3）招募合适的人员

招募合适的人员是创业团队组建最关键的一步。关于创业团队成员的招募，主要应考虑两个方面：一是考虑互补性，即考虑其能否与其他成员在能力或技术上形成互补。这种互补性形成既有助于强化团队成员间彼此的合作，又能保证整个团队的战斗力，更好地发挥团队的作用。一般而言，创业团队至少需要管理、技术和营销3个方面的人才。只有这

3个方面的人才形成良好的沟通协作关系后，创业团队才可能实现稳定高效。二是考虑适度规模，适度的团队规模是保证团队高效运转的重要条件。团队成员太少无法实现团队的功能和优势，而过多又可能会产生交流的障碍，团队很可能会分裂成许多较小的团体，进而大大削弱团队的凝聚力。

（4）职权划分

为了保证团队成员执行创业计划、顺利开展各项工作，必须预先在团队内部进行职权的划分。创业团队的职权划分就是根据执行创业计划的需要，具体确定每个团队成员所要担负的职责以及相应所享有的权限。团队成员间职权的划分必须明确，既要避免重叠和交叉，也要避免无人承担。此外，创业过程中面临的创业环境是动态复杂的，会不断出现新的问题，团队成员可能不断出现更换，创业团队成员的职权也应根据需要不断地进行调整。

（5）构建创业团队制度体系

创业团队制度体系体现了创业团队对成员的控制和激励能力，主要包括了团队的各种约束制度和激励制度。一方面，创业团队通过各种约束制度（主要包括纪律、组织、财务、保密等条例），规范其成员避免做出不利于团队发展的行为，实现对其的行为进行有效的约束，保证团队的稳定秩序；另一方面，创业团队实现高效运作要有行之有效的激励机制（主要包括利益分配方案、奖惩制度、考核标准、激励措施等），使团队成员能看到随着创业目标的实现，其自身利益会得到怎样的改变，从而充分调动成员的积极性、最大限度发挥团队成员作用。要实现有效的激励就必须明确界定成员的收益模式，尤其是关于股权、奖惩等与团队成员利益密切相关的事宜。需要注意的是，创业团队的制度体系应以规范化的书面形式确定下来。

（6）团队调整融合

完美组合的创业团队并非创业一开始就能建立起来，很多时候是在企业创立一定时间以后随着企业的发展逐步形成的。随着团队的运作，团队组建时在人员匹配、制度设计、职权划分等方面的不合理之处会逐渐暴露出来，这时就需要对团队进行调整融合。由于问题的暴露需要一个过程，团队调整融合也是一个动态持续的过程。在完成了前面的工作步骤之后，专门针对运行中出现的问题不断地对前面的步骤进行调整，直至企业顺畅运行为止。在进行团队调整融合的过程中，最为重要的是要保证团队成员间经常进行有效的沟通与协调，培养强化团队精神，提升团队士气。

4.4.3 创业团队人员配置

人是创业团队最核心的力量。在创业团队中，人力资源是所有创业资源中最活跃、最重要的资源，人员的选择是创业团队中非常重要的一个部分。按照不同人员在团队中所扮演的角色和作用，创业团队可以基本划分为战略管理层、智囊团、开拓者、核心团队。

（1）战略管理层

战略管理层包括企业的发起者和战略合作伙伴。无论是企业发展初期的资金筹集、战略规划，还是企业危机时的力挽狂澜，战略管理层都发挥着极其重要的作用。创业发起者与战略合作伙伴一同构成企业的灵魂和心脏，一定程度上决定着企业的兴衰。

(2) 智囊团

智囊团也就是出谋划策的小部分精英人士。他们分别擅长不同的领域，拥有某一方面超人的能力和丰富资源（如企业融资、项目运作、资金管理、市场开拓、对外关系处理、宣传推广等）。

(3) 开拓者

开拓者在创业团队中承担开发新市场、研发新技术的角色，他们具有很强的能力和抱负，不满足于现状。开拓者在很大程度上决定着一个企业能否快速发展，处于十分重要的地位。

(4) 核心团队

核心团队是一个企业的基本劳动力，他们负责处理企业维护日常运营的基本事务。

贝尔宾教授和他的同事们提出贝尔宾团队角色理论，将团队的角色配置划分得更加细致、合理。贝尔宾教授被管理学界誉为"团队角色理论之父"，他在1981年出版了《团队管理：他们为什么成功或失败》(Management Teams：Why They Succced or Fail)，在这本书中，他提出了团队角色模型。

4.5 创业团队的管理

组建创业团队为创业成功提供了更多的可能，但绝不是创业活动的结束。要取得创业成功，团队成员必须密切配合、共同协作，使团队在创业的整个过程中富有吸引力、凝聚力、战斗力，这离不开团队的建设和运作。团队建设是企业在管理中有计划、有目的地组织团队，并对团队成员进行训练、总结、提高的过程。团队建设是事业发展的根本保障，团队运作是业内人士长期实践的经验总结，团队的发展取决于团队的建设。

4.5.1 核心创业者的领导才能

(1) 信念力

一个没有坚定信念的人，是不可能成为伟大企业家的，因为到达胜利目标的路上，不可能一帆风顺，在通往成功的路上，有可能会碰到诸多问题，如果没有坚定的信念，很难战胜困难。

(2) 规划力

作为团队的领导者，要有能力结合团队所处行业与发展阶段向团队成员描绘未来的愿景，有能力规划出吸引成员的未来，有能力清晰地指出整个团队未来能达成什么目标，有能力激起员工的参与热情，让成员与团队的双赢成为可能，这样成员才会努力工作。

(3) 目标力

基辛格博士说："领导就是要让他的人们，从他们现在的地方，带领他们去还没有去过的地方。"卓越领导力必须能认清现实，同时制定切实可行的目标，并且带领团队有效达成目标。

(4)影响力

创业企业要推进新的管理措施,必然会引来强大的阻力或不和谐的声音,企业家必须具备强大的影响力,否则必将使改革受阻,或使良好的管理措施不能得到有效贯彻和实施。

(5)人际力

作为领导者,应当经常思考这样的问题:自己该与什么样的人交往,并与其发展什么样的关系?如何进一步处理好、利用好这种关系?企业家要愿意投资在建立与保持人际关系上,有能力让团队成员信服,这样才能带动工作团队并且得到外界的支持。

(6)包容力

身为企业的领导者,有时候也会被下属、客户、供应商等误会。企业家要有包容能力,正所谓"宰相肚中能撑船",否则,企业就很难运作下去。

(7)沟通力

对管理人员来说,想要在自己的公司里跻身领导之位,沟通能力是必须掌握的技能。沟通是一种自我推销能力,作为一名创业团队领导者,要具备卓越的沟通能力,只有沟通才能消除隔阂、消除不理解,最终达成默契,在执行任务的过程中,大家步调一致、统一行动。

4.5.2 成功创业团队的基本特征

(1)共同的创业信念和清晰的目标

这是一个团队成功的基本要求。共同的创业信念决定着创业团队的性质、宗旨和获取创业的回报,并且关系到创业的目标和行为准则。这些准则指导着团队成员如何工作和取得成功。被团队的所有成员接受和认可的、清晰的奋斗目标可以将整个团队"拧成一股绳",使团队成员齐心协力共同完成这个奋斗目标。如果这个目标能够与每个成员的个人目标完美结合,那么就更能充分调动员工的积极性。

(2)互相信任和团结

成员间的信任和团结可以说是所有成功团队的共有特性,只有这样所有的人才能在分派任务、制订计划、职权划分、相互沟通和协同工作时保持足够的尊重和理解,会认真思考其他成员提出的问题和看法,认真反思自己可能存在的问题和缺点。团队要充分提高每个成员的工作积极性和技术水平,尊重和体现每个成员的自我价值,使每个成员都有幸福感和归属感。

(3)知识技能的互补

任何一个团队在技术上都会有他们的强项和弱项,不是每个成员都能熟练精通所有的技术,其关键在于能够找准合适的位置,并做好人员之间的合理搭配。团队成员之间可以有一定的交叉,但要尽量避免过多的重叠。不同性格、不同能力的人互相搭配协同工作,可以提高工作效率、化解团队内部误解和矛盾。

(4)团队利益至上

团队的利益、目标重于个人的利益和目标。团队成员应能够同甘共苦,每一位成员都应将团队利益置于个人利益之上。每一位成员的价值,体现在其对团队整体价值的贡献。团队成员应当愿意牺牲短期利益来换取长期利益,如团队成员不计较短期薪资、福利、津贴,将成功后的利益分享作为创业目标。

(5) 良好的沟通

优秀的团队不会回避不同的意见,而是进行充分的沟通和交流、畅所欲言,最后达成一致。团队成员之间恰当而良好的沟通可以加强内部团结、化解内部矛盾、减少分歧,提高信息共享性和透明度,快速理解其他成员的意图,充分理解客户的需求和各模块之间的协同性,提升团队的工作效率和企业业绩。

(6) 灵活的应变能力

一个团队要尽可能地去承担与自己团队定位不冲突的任务,并不断地学习新技术、新技能和新知识,这样的团队适应性强,可承接的任务范围广,生存能力更强。

(7) 恰当地领导

团队领导者不是最强悍的控制者,而是要能指明团队方向,设定短期和长期目标,组织、协调、监督和控制团队内外的关系、任务和资源,并能够在团队陷入困境时带领成员突破重围,同时还能够为成员带来丰厚的利益。恰当地领导的含义还包括,领导者能够善于担任教练和后盾的角色,对团队提供指导和支持,既能够妥当地发号施令,也能够为团队提供周到细致的服务。

(8) 外部和内部支持

所谓外部支持就是建立这个团队所需要的软硬件资源要到位,内部支持则是团队的人员搭配要合适,各项机制运行正常,如具备准确的项目风险和成本审核机制、公平的绩效考核机制、及时的冲突解决机制、适当的培训和激励机制、良好的上下和平行沟通机制、合适的人员调配机制等。

4.5.3 成功创业团队建设方略

根据对成功创业团队的基本特征的分析,要组建一支成功的、高绩效的创业团队,作为组织领导者应该首先注意以下问题。

4.5.3.1 树立共同的创业信念

要使创业团队所有成员相信他们处在一个命运共同体中,共享收益,共担风险。团队中每个人的工作相互依赖和支持,以"事业将成功"的信念来激励每个人。使成员相信他们正在为企业的长远利益工作,正在成就一番事业,而不是把企业当作一个快速致富的工具,使团队的目标变成行动计划,团队的业绩得以快速增长。使团队成员既了解团队发展的方向,又能在行动上与团队发展方向保持一致。

4.5.3.2 确立明确的发展目标

由于人的需求、动机、价值观、内心顾虑不同,团队在组建之初,需要团队成员用大量时间和精力来讨论和完善一个在集体层次和个体层次都能被接受的目标,这个目标一旦被全体成员接受,就会占据领导地位。团队目标来自企业的发展方向和团队成员的共同追求。它是全体成员奋斗的方向和动力,也是感召全体成员精诚合作的一面旗帜,在团队组建过程中具有特殊的价值。首先，共同的未来目标是创业团队克服困难、取得胜利的激励因素；其次，目标是一种有效的协调因素，从而团队能获得协同效益，只有目标真正一致、齐心协力地创业，团队才会获得最终的胜利与成功。

4.5.3.3 培育团队精神

团队精神是指团队的成员为了实现团队的利益和目标而相互协作、尽心尽力的意愿和作风，它包括团队的凝聚力、合作意识及士气。团队精神强调的是团队成员的精诚合作。要培育这种精神，领导人首先要以身作则，做一个团队精神极强的楷模；在团队培训中加强团队精神的理念教育；最重要的是要将这种理念落实到团队工作的实践中。一个没有团队精神的人难以成为真正的领导人，一支没有团队精神的队伍是经不起考验的，团队精神是优秀团队的灵魂、成功团队的特质。

4.5.3.4 团队成员角色互补和转换

团队精神的实质不是要团队成员牺牲自我去完成一项工作，而是要充分利用和发挥团队所有成员的个体优势去做好这项工作。因此，团队中合理地分配好每个成员的角色，使他们各尽所能，不仅可以发挥每个人的积极性，更可以提高其创造性。管理者在组建团队时，应该充分认识到各个角色的基本特征，容人短处、用人所长。在实践中，真正成功的管理者，对下属人员的性格特征的了解都是很透彻的，而且只有在此基础上组建的团队，才能真正实现人员结构上的优化，成为高绩效的团队。在团队角色上即团队的人员结构上实现互补，这种在系统上的异质性、多样性，可以使整个团队生机勃勃，充满活力。

从一般意义上讲，要组建一支成功的团队，必须在团队成员中形成集体决策、相互负责、民主管理、自我督导的氛围，这是团队区别于传统组织及一般群体的关键所在。除此之外，从团队角色理论的角度出发，还应特别注重培养团队成员的主动补位意识，即当一个团队在前文所述 8 种团队基本特征出现欠缺时，其成员应在条件允许的情况下，主动实现团队角色的转换，使团队的人员结构从整体上趋于合理，以便更好地达成团队共同的绩效目标。

4.5.3.5 建立学习型组织

让团队的每一个人认识学习的重要性，营造良好的成长环境，提供更多锻炼和施展才华的机会。尽力为他们创造学习机会，提供学习场地、表扬和激励学习进步快的成员，并通过沟通、讨论、培训、共同工作等方式营造学习氛围，使团队成员成为精英。

4.5.3.6 建立责、权、利统一的团队管理机制

严明的纪律和管理机制不仅是维护团队整体利益的需要，在保护团队成员的根本利益方面也有着积极的意义。

(1) 妥善处理创业团队内部的权力关系

在创业团队运行过程中，团队要确定谁适合从事何种关键任务和谁对关键任务承担什么责任，以使能力和责任的重复最小化。

(2) 妥善处理创业团队内部的利益关系

这与新创企业的报酬体系有关。新创企业的报酬体系不仅包括诸如股权、工资、奖金等金钱报酬，而且包括个人成长机会和提高相关技能等方面的因素。每个团队成员所看重

的并不一致，这取决于其个人的价值观、奋斗目标和抱负。新创企业的报酬体系十分重要，在创业早期阶段财力有限，要认真研究和设计整个企业发展周期的报酬体系，以使之具有吸引力，并且使报酬水平不受贡献水平的变化和人员增加的限制，即能够保证按贡献付酬和不因人员增加而降低报酬水平。

（3）制定创业团队的管理规则

要处理好团队成员之间的权力和利益关系，创业团队必须制定相关的管理规则。团队创业管理规则的制定，要有前瞻性和可操作性，要遵循先粗后细、由近及远、逐步细化、逐次到位的原则。这样有利于维持管理规则的相对稳定，而规则的稳定有利于团队的稳定。

4.5.4　团队管理中的问题和对策

塑造高效的团队为创业实践活动的成功提供了坚实的基础。团队是否能够在创业初期就体现出团队的凝聚力、良好的企业业绩和未来的发展潜力，更主要的是管理者作用的发挥。管理者对团队的管理效果直接决定了一个组织的兴衰。一般认为，在团队结构和管理机制既定的情况下，团队管理者在团队管理中面临的主要问题是如何提高团队的工作效率和维护团队的稳定，具体体现在以下几个方面：

4.5.4.1　团队成员之间的合作与竞争

在团队中，成员与成员之间的关系往往会走向两个极端：一种情况是成员按照自己的个性，最大限度地发挥自身的才能，于是一些个人能力很强的成员之间可能会形成恶性竞争，从而不利于其个人和组织目标的实现；另一种情况是团队中的成员由于经常在一起生活和工作，常常会导致成员之间相互依赖，从而失去相对的独立性，阻碍成员积极性的发挥。合作与竞争理论认为，成员如果各自为战，认为双方目标没有关系，就会漠视他人福利或困难，对之袖手旁观，组织也会如一盘散沙，士气低落；如果成员处于竞争关系，相互之间就会封锁信息和资源，甚至相互攻击和破坏。

在团队中，成员保持自己的个性，最大限度地发挥自己的才能，对于实现自己在团队中的价值、为团队和企业实现目标有积极的意义。团队成员只有相互合作、相互依赖，团队的作用才能得到发挥。因此，团队管理者面临的问题就是如何使团队成员之间保持适度竞争，同时使成员最大限度地发挥自己的作用，团队成员之间一方面保持相对独立，另一方面又能密切合作，共同努力，形成共同目标和合作气氛，成员之间相互尊重，共享信息和资源，互相交流，取长补短。

4.5.4.2　团队成员之间的沟通与协调

成员具有不同的文化背景、宗教传统、风俗习惯等，不可避免地会产生文化冲突。例如，由于语言上的差异，在信息交流时，很容易导致信息传递的丢失和失真；由于文化背景不同，每个成员很容易带着自身文化的"有色眼镜"来感知信息，从而导致在信息理解上的偏差，甚至误解；在合作过程中，习惯性的防卫心理和行为，也为团队内部的沟通带来了障碍。

团队每一位成员都有自身的核心竞争力，要把这些强势的个体糅合在一起，本身就具有很大的挑战性。同时，每位成员有着不同的工作学习习惯、生活方式等，这也给整个团队的协调增加了难度。此外，每位成员的技术熟练程度不同也可能会导致信息的单向流动和反馈的不及时，进而影响整个团队的效率。

建设性冲突理论认为，团队虽然着力使成员形成合作关系，但这并不意味着团队中不允许存在不同意见。不同目标是形成高质量决策的前提。只要团队真正形成了合作关系，成员才会坦诚地交换意见，吸取对方意见中有价值的成分，在充分交流的基础上达成共识。通过建设性冲突的处理，团队的成员会更加认同团队的目标，团队的合作关系也更加巩固。

4.5.4.3 团队成员对团队的认同和归属

现代管理学认为，人是有欲望和需求的，人的行为受到人的欲望和动机的驱使，只有满足人的需要，才能对人的行为产生激励作用。

团队的特点决定了自我管理是其主要管理方式，每个团队成员都拥有自身的核心竞争力，可以轻易离开所处的团队。这不仅会造成团队人才的流失，影响工作的顺利进行，而且可能造成知识、信息、技术的泄露，给团队带来严重损失。

作为团队的一名成员，在加入一个团队一段时间后，会逐渐认同他所在的团队，这种认同感能够促使个人接受团队的价值观、态度和工作习惯。但是，这种认同需要一定手段来达成。成员卷入理论认为实行成员参与决策和管理是增强成员对团队认同度的重要措施。让成员对那些关系到他们切身利益的决策发表意见，增加成员的自主化和对工作的控制程度。人在组织中有决策权，就会更加认同组织的目标，并积极主动地去执行决策。

针对以上管理者在团队管理过程中遇到的问题，管理者可以通过采取以下4种策略来应对：

(1) 打造团队文化

发挥团队文化塑造价值和传递价值的双重作用，深入成员内心，使成员紧密团结、荣辱与共。及时消除团队内耗，营造一个相互帮助、相互理解、相互鼓励、相互关心的工作氛围，从而稳定工作情绪，激发工作热情，形成共同的价值观。

(2) 增强归属感

应该在成员清楚自己角色的基础上，留住成员的心，增强成员的归属感。组织应积极帮助成员进行职业生涯规划，让成员更好地规划自己的人生。成员只有能更好地开发自己的潜能，实现自我价值，才能为组织带来更多的价值。

(3) 加强沟通

作为团队管理者，要信任下属、充分授权，培养成员的成就感。要开诚布公，利用多种方式，让每位成员充分了解团队内外信息，说明团队作出某项决策的原因，鼓励成员发表自己的看法，做到充分沟通，坦诚相待，客观公平。

(4) 尊重与信任

团队的尊重与信任包括两层含义：一是特定团队内部的每个成员能够相互尊重和彼此理解；二是组织的领袖或团队的管理者能够为团队创造一种相互尊重、彼此信任的基调，确保团队成员有完成工作的自信心。人们只有彼此尊重信任对方，团队共同的工作才能比这些人单独工作效率更高。

4.5.5　团队激励与企业文化建设

4.5.5.1　创业团队的激励

创业团队成员本身具有分离倾向，团队管理稍有松懈就可能导致团队绩效的大幅下降。领导者变更、计划不连续、裁减成员、规则不连续等都会冲击团队的合力。如果缺乏有效的激励，团队的生命难以长久。而有效激励是团队长久保持成员士气的关键。有效激励要求给予团队成员以合理的"利益补偿"。

利益补偿往往分为两种形式：一种是物质条件，如金钱、工作环境；另一种是心理收益，如工作成就感和地位，感受到尊重、认可和友爱等。

(1) 团队文化的激励

团队文化是固化剂，团队凝聚力的培养离不开团队文化的建设。团队文化的激励对团队建设的积极作用主要表现在：团队文化通过营造一种积极向上、相互尊重、相互信任的文化氛围来协调企业内外的人际关系，通过调动成员的积极性、主动性和创造性来增强团队的凝聚力和竞争力，使团队成员与整个团队同呼吸、共命运，把领导者、团队成员与团队整体紧密联系在一起。

团队文化的精髓就是强调合作精神，团队合作成就共同的目标，从而满足团队成员的各自需求，为团队营造一种快乐工作和积极进取的氛围。要形成真正良好的氛围，关键在于彼此的信任。没有信任就没有尊重，也就没有相互关怀和支持。一般而言，信任被定义为对其他个体所形成的整体的信心。创业团队成员的信任程度，在一定程度上决定他们的沟通程度进而影响到整个团队的凝聚力。

(2) 经济利益的激励

创业企业的产权比较明晰，机制较灵活，所以对创业团队成员而言，可以把期权激励作为经济激励的一项重要内容来实施。把传统的以现金为代表的短期经济激励和以期权为代表的长期经济激励结合起来，体现人力资源的价值。

由于期权激励的方式对激励对象利益的兑现附带有服务期的限制，因此较好地实现了团队成员的持续激励，其稳定团队的作用也比较明显。此外，建立鼓励团队合作的奖励机制，可以将个人的一部分报酬，尤其是浮动薪酬，与团队成果有机地结合起来。同时在进行年度固定薪酬调整时，也会考虑个人在团队合作方面的表现。

(3) 权利与职位的激励

通常，创业者具有极强的进取精神。创业团队又通常是高知群体，他们不仅为了追求经济利益而进行创业活动，也为了得到成就感以及权力和地位上的满足。美国心理学家戴维·麦克利兰，在人的基本需要得到满足的情况下，人们还有权利需要、友谊需要和成就需要。对于具有成就和权力需要的人来说，从成就和权力中得到激励远远超过物质激励的作用。

4.5.5.2　创业企业的文化建设

(1) 创业企业文化的内涵和作用

创业企业文化主要是指创业企业的环境与个性，是创业企业员工所共有的价值观念、遵循的制度规范以及表现出来的行为模式等。与其他企业的文化一样，创业企业文化也具有外部适应和内部整合两大职能。外部适应强调对外部支持者和环境关系做出积极反应，内部整合强调在企业内部建立共同愿景，实现员工以及业务单元之间的价值观共享。

作为一个初创企业，由于缺乏完善的组织结构、充足的人力资源储备、成熟的生产制造技术、稳定的市场份额以及充裕的现金流，创业企业所面临的风险及不确定性很高。在此背景下，企业文化建设对于创业企业克服困难、迅速成长具有特殊重要的意义。具体而言，创业企业文化的作用表现为以下3个方面：

① 创业企业文化具有导向作用　创业企业文化集中反映创业团队以及全体员工共同的价值观念、理想信念和共同利益，对企业中的所有成员都具有一种无形的巨大感召力。创业企业文化决定了企业的行动方向，规定着企业的行动目标，引导着企业员工朝着既定的发展目标前进。

② 创业企业文化具有凝聚作用　在资源匮乏、条件艰苦的创业环境下，通过共享价值观、信念及利益追求，创业企业文化将创业团队全体员工凝聚在一起，增强了企业的内聚力。对一个企业而言，拥有共同目标并为此努力奋斗是企业发展的动力源泉。因为存在共同目标，企业才会产生极强的向心力。因为存在共同的价值追求，企业员工才会具有坚强的精神支柱。此时，为了实现企业的目标，企业员工凝聚成一个强有力的团队，迸发出巨大的能量。

③ 创业企业文化具有规范作用　创业初期的企业存在着机构不健全、制度不完善等问题，此时的企业文化体现为一种"软"约束。通过企业文化，员工知道什么可以做、什么不可以做、哪些活动将受到奖励、哪种类型的人才将得到重用。创业企业文化使员工产生心理认同并逐步内化为自觉行动和自我约束，从而真正达到规范约束的目的。

（2）创业企业文化建设措施

企业文化对企业绩效以及企业发展具有重要影响。创业团队对企业文化的形成发挥着关键作用。具体而言，创业企业可以采取以下措施，推动创业企业文化建设进而促进企业快速成长。

① 科学构建创业团队，提高创业团队效能　创业团队价值观是企业文化的基础，构建一个团结、高效、富有活力的创业团队是建设创业企业文化的前提。创业团队组建并没有一个标准化的途径。但是选择优秀的创业伙伴并发展与他们的合作关系无疑是一项复杂的工作。在创业实践中，多数人倾向于选择那些与自己有相似经历、背景的人共同创业，但这往往会造成资源重叠。创业团队成员的知识、技术和经验越广泛、越多样，越有利于创业企业的发展。因此，基于互补性而不是相似性组建团队通常是一种更有效的策略。

② 有效管理创业团队冲突，形成优秀创业团队文化　创业团队文化是创业企业文化的内核，优秀的创业团队文化是形成优秀创业企业文化的基础。在企业创业初期，创业团队成员是不稳定的，由于经验、背景不同导致了价值观和行为模式不同，创业团队成员之间存在着较多的冲突。创业团队应该学会有效地管理冲突，通过互动过程对创业团队成员个人价值观和行为进行吸收和扬弃，最终形成有利于知识分享、集体创新、共担风险、协作进取的创业团队文化。

③ 强力贯彻创业团队文化，促进创业企业文化形成和发展　企业文化建设应是企业的

长期行为，要真正触及员工内心，只靠短期突击或者只关注有形环境(服装、标志等)建设往往难以取得良好成效。创业团队文化体现了创业企业核心成员共同的价值观和行为准则，一旦形成就应该贯彻落实到企业的每一个业务单元，再由每一个业务单元传播给每一名员工，使之在企业的每一个角落里生根、开花、结果，这是一个长期的过程。

在创业企业文化形成和发展过程中，创业企业员工要同自身原有文化做反复较量、长期斗争，只有经过长时间的消化、领会，才能把新文化吸收进自身原有文化中。因此，创业企业必须持之以恒地宣传、落实创业团队文化，而且辅之以必要的强制性措施(考评、薪酬等)加以强化，最终通过全体员工的认同，形成基于创业团队文化的企业文化。

4.6　团队拓展训练的意义

训练是一种体验式学习。团队拓展训练的意义是一种激发个人潜能、增强团队成员配合度与凝聚力、提高企业生产力的新型学习方式。这种学习方式中，体验先于学识，同时，学识来自参加者的体验，每个参加者的体验都是独特的。团队拓展训练的意义对于团队有以下几点：

(1)打造高效的团队

有些创业团队由于缺乏核心的理念，造成缺乏信任、惧怕冲突、缺乏投入、逃避责任、无视结果等问题。通过开展拓展训练将能使成员透彻地理解高绩效团队建设的方法和技巧。拓展训练融入丰富的互动元素，令参与者通过形式多样、生动有趣、充满挑战的体验项目，确立信心、发掘自我潜能、培养团队合作精神。

(2)激发员工潜能及创新意识

开展团队拓展训练能提升员工的综合素质能力，重点针对承受化解压力、提升忍耐力、激发潜能、放下包袱，以更加积极的心态投入工作。员工经过体验，获得切身感受，再通过激励引导，让员工获得心灵上的震撼、升华，达到拓展训练的效果。

(3)有利于客户关系拓展

企业同客户的关系就像日常的人际关系，会经历建立关系、巩固成长并走向成熟的各个阶段。团队拓展训练可以营造一个抛开立场、利益、身份和社会角色的沟通和交流环境，使企业和客户之间的关系实现一个迅速的突破。

(4)有利于新员工融入企业

通过精心设计的拓展活动体验，让员工真实地面对心灵的脆弱和团队合作等实际问题，从成功和失败的体验中帮助新人放弃固有观念、转变心态、学会倾听、积极主动、注重团队，激发出新人投身企业的自身动力和潜能。

◆ 实践活动

分小组组建一支创业团队，并根据团队角色自我测试(贝尔宾团队角色测试)对团队的成员进行配置和划分。

第5章 创业机会的识别与评估

【案例】

任正非的创业故事

任正非,1944年10月25日出生于贵州省镇宁县,祖籍浙江省浦江县,毕业于重庆大学,中国共产党党员,华为技术有限公司主要创始人兼总裁。现任华为技术有限公司董事、首席执行官(CEO)。他是中国最杰出的企业家之一,也是世界最具影响力的商界领袖之一。他曾两度入选美国《时代》杂志全球一百位最具影响力人物榜单,2022年4月,获得《财富》2022年中国最具影响力50位商界领袖第一名。

任正非的创业故事是一个充满传奇色彩的故事。他从一个普通的工程兵,到一个在深圳创立了华为公司的中年人,再到一个引领华为走向世界舞台的领导者,经历了无数的艰难困苦和风险挑战,展现了持续创新创业的精神和卓越的战略眼光。

任正非出生于一个知识分子家庭,父母都是教师。任正非从小就受到了良好的教育和熏陶,他喜欢读书和学习,成绩优异。1963年,任正非考入重庆建筑工程学院(现重庆大学),主修电子工程专业。

1968年,任正非大学毕业后应征入伍,成为一名工程兵。他参与了多个重要的基建工程项目,如法国公司向中国出售的化纤成套设备工程、新疆石油管道工程等。他在军队中表现出了优秀的技术能力和管理才能,并多次受到表彰和奖励。1983年,随国家整建制撤销基建工程兵,任正非复员转业至深圳南海石油后勤服务基地。在那里,他担任了技术部副总工程师、信息部总工程师等职务,并开始接触电信设备和通信技术。

1987年,因工作不顺利,任正非决定创业。他与几位志同道合的中年人,以凑来的2万元人民币创立了华为公司(以下称"华为")。创立初期,华为靠代理香港某公司的程控交换机获得了第一桶金。但任正非并不满足于做代理商,他决定走一条自主创新之路。

1991年9月,华为租下了深圳宝安县蚝业村工业大厦三楼作为研制程控交换机的场所,五十多名年轻员工跟随任正非来到这栋破旧的厂房中,开始了他们充满艰险和未知的创业之路。他们把整层楼分隔为单板、电源、总测、准备4个工段,外加库房和厨房。人们在机器的高温下挥汗如雨、夜以继日地作业,设计制作电路板、话务台、焊接的电路板,编写软件,调试、修改、再调试。在这样的情况下,任正非几乎每天都到现场检查生产及开发进度，开会研究面临的困难，分工协调解决各式各样的问题。1992年，任正非孤注一掷投入 C&C08 机的研发。1993 年年末，C&C08 交换机终于研发成功，其价格比国外同类产品低三分之二，为华为占领了市场。1997 年，中国改革高等教育制度，开始向学生收取学费，而配套的助学贷款又没跟上，华为集团向教育部捐献了 2500 万元寒门学子基金。

2003 年 1 月 23 日，思科公司正式起诉华为及华为美国分公司，理由是后者对公司的产品进行了仿制，侵犯其知识产权。面对思科的打压，任正非一边在美国聘请律师应诉，一边着手结盟思科在美国的死对头 3COM 公司。2003 年 3 月，华为和当时已进入衰退期的 3COM 公司宣布成立合资公司"华为三康"，3COM 公司的 CEO 专程作证华为没有侵犯思科的知识产权。最终，双方达成和解。

从此，华为开始了全球化的征程，凭借着不断的创新和优质的服务，华为在欧洲、亚洲、非洲、拉丁美洲等地区都取得了巨大的成功，与全球多个电信运营商建立了合作关系，成为全球最大的通信设备供应商之一。2018 年，华为营业收入超过 1000 亿美元，手机出货量超过两亿部，成为全球第二大智能手机品牌。

真正的企业家都有奋斗不息的精神，在任正非的整个创业过程中一路走到现在，我们可以看到的是，无论当初有多少苦难，任正非先生也从未想过要放弃，遇事也从不服输。生命不息，奋斗不止。这句话正是任正非先生一生的写照，也是值得我们学习的地方。

以客户为中心。任正非始终坚持以客户需求为导向，以客户满意为目标，以客户成功为使命。他认为，"客户是我们唯一正确的老板""客户是我们唯一正确的老师""客户是我们唯一正确的朋友"。他要求所有华为人都要把客户放在第一位，不断提升客户体验和价值。

坚持创新。任正非深知创新是企业生存和发展的根本。他说，"创新是我们生存之本""创新是我们赢得市场之道""创新是我们超越竞争之法"。他鼓励所有华为人都要敢于创新、勇于冒险、善于学习、持续改进。他投入大量资源支持研发和技术创新，并建立了开放合作的创新生态系统。

建立学习型组织。任正非是一个终身学习者，他自学了多门专业技术和外语，并且不断汲取国内外先进管理理念和实践经验。他说，"学习是我们生命之源""学习是我们进步之路""学习是我们超越之策"。他要求所有华为人都要保持谦虚谨慎、自我批判、持续学习的态度，并且建立了华为大学，为员工提供了专业系统的培训和学习机会。

实行民主集中制。任正非倡导民主集中制的管理模式，他说："民主是为了集中，集中是为了民主。"他尊重和倾听不同的意见和建议，但也坚持以事实为依据，以目标为导向，以结果为评价。他实行任职资格制度，按能力和贡献选拔和使用人才，并且实行全员持股制度，让员工与企业共享成果。

坚持自我革新。任正非认识到企业要想在竞争激烈的市场中立于不败之地，就必须不断地自我革新和自我超越。他说，"革新是我们生存之道""革新是我们发展之路""革新是我们领先之法"。他不断调整和优化企业战略和管理制度，不断适应和引领市场变化和技术变革，不断提升企业核心竞争力。

> 真正的企业家都有奋斗不息的精神,在任正非的整个创业过程,我们可以看到的是,无论当初有多少苦难,任正非也从未想过要放弃,遇事也从不服输。"生命不息,奋斗不止"这句话正是任正非一生的写照,也是值得我们学习的地方。

思考与启示：大学生如何把握创业方向与机遇？

5.1 创业机会概述

5.1.1 创业机会的定义

创业机会是指在市场经济条件下,社会的经济活动过程中形成和产生的一种有利于企业经营成功的因素,是一种带有偶然性并能被经营者认识和利用的契机。

创业机会有几种不同的定义方式：

①可以为购买者或使用者提供或增加价值的产品或服务,具有吸引力、持久性和适时性。

②可以引入新产品、新服务、新原材料和新组织方式,并能高于成本价出售的情况。

③是一种新的"目的—手段"关系,它能为经济活动引入新产品、新服务、新原材料、新市场或新组织方式。

④具有较强吸引力、较为持久、有利于创业的商业机会,创业者据此可以为客户提供有价值的产品或服务,并同时使创业者自身获益。

5.1.2 创业机会的类别与特征

①创新型机会　通过技术的创新为人们带来方便,如苹果、微软、华为,其核心竞争力在于别人短时间内没有此类技术。机会在需求中找到,根据需求创新技术。

②模仿型机会　通过模仿别人的技术,优化产品,降低成本形成竞争力,或者利用自己已有的用户群。如百度模仿谷歌,但百度更适合中国人；腾讯则利用已有的庞大用户群盈利。机会在优化资源配置中找。

③识别型机会　通过已有技术和已知需求成为供给方,如百合网利用中国庞大的人口和现实社会找伴侣难的情况,结合科学心理分析,将生活背景、兴趣爱好、性格气质、学历知识水平、世界观、价值观接近甚至相同的人匹配在一起,提高配对成功率。

④发现型机会　将新技术应用到不同领域,与其他行业融合。如阿里巴巴将网络和商业融合到一起,改变了人们的消费观念。

有的创业者认为自己有很好的想法和点子,对创业充满信心,这固然重要,但是并不是每个大胆的想法和新异的点子都能转化为创业机会。许多创业者因为仅仅凭想法去创业而失败了。那么如何判断一个好的商业机会呢？创业机会具有以下特征：普遍性——凡是有市场、有经营的地方,客观上就存在着创业机会,创业机会普遍存在于各种经营活动过程之中；偶然性——对一个企业来说,创业机会的发现和捕捉带有很大的不确定性,任何创业机会的产生都有"意外"因素；消逝性——创业机会存在于一定的时空范围之内,随着产生创业机会的客观条件的变化，创业机会就会相应地消逝和流失。

5.1.3 创业机会的选择与识别

（1）创业机会的选择

在现实经济生活中，适于创业的机会并不是很多的。创业者需要借助"机会选择漏斗"，经过一层又一层筛选，在众多机会中筛选出真正适合于自己的创业机会。创业者不仅要善于发现机会，更需要正确把握并果敢行动，将机会变成现实，这样才有可能在最恰当的时候出击，获得成功。把握创业机会，应好好注意以下几点：

①着眼于问题把握机会 机会并不意味着无须代价就能获得，许多成功的企业都是从解决问题起步的。问题就是现实与理想的差距，顾客需求在没有满足之前就是问题，而设法满足这一需求，就抓住了市场机会。

②利用变化把握机会 变化中常常蕴藏着无限商机，许多创业机会产生于不断变化的市场环境。环境变化将带来产业结构的调整、消费结构的升级、思想观念的转变、政府政策的变化、居民收入水平的提高，人们透过这些变化，就会发现新的机会。

③跟踪技术创新把握机会 世界产业发展的历史告诉我们，几乎每一个新兴产业的形成和发展，都是技术创新的结果。产业的变更或产品的替代，既满足了顾客需求，也带来了前所未有的创业机会。

④在市场夹缝中把握机会 创业机会存在于为顾客提供价值的产品或服务中，而顾客的需求是有差异的。创业者要善于找出顾客的特殊需要，盯住顾客的个性需要并认真研究其需求特征，这样就可能发现和把握商机。

⑤捕捉政策变化把握机会 中国市场受政策影响很大，新政策出台往往能引发新商机，如果创业者善于研究和利用政策，就能抓住商机。

⑥弥补对手缺陷把握机会 很多创业机会是缘于竞争对手的失误而意外获得的，如果能及时抓住竞争对手策略中的漏洞而大做文章，或者能比竞争对手更快、更可靠、更便宜地提供产品或服务，也许就找到了机会。

（2）创业机会的识别

如何识别创业机会，是创业者首先要解决的问题。好的创业机会必然具有特定的市场定位，专注于满足顾客需求，同时能为顾客带来增值的效果。创业需要机会，机会要靠发现。要想寻找到合适的创业机会，创业者应识别以下创业机会：

①现有市场机会和潜在市场机会 现有市场机会是市场机会中那些明显未被满足的市场需求，往往发现者多，进入者也多，竞争势必激烈。潜在市场机会是那些隐藏在现有需求背后的、未被满足的市场需求，不易被发现，识别难度大，往往蕴藏着极大的商机。

②行业市场机会与边缘市场机会 行业市场机会是指在某一个行业内的市场机会，发现和识别的难度系数较小，但竞争激烈，成功的概率低。边缘市场机会是在不同行业之间的交叉结合部分出现的市场机会，处于行业与行业之间出现"夹缝"的真空地带，难以被发现，需要有丰富的想象力和大胆的开拓精神，一旦开发，成功的概率也较高。

③目前市场机会与未来市场机会 目前市场机会是指那些在目前环境变化中出现的机

会，未来市场机会是指通过市场研究和预测分析它将在未来某一时期内实现的市场机会。若创业者提前预测到某种机会会出现，就可以在这种市场机会到来前早做准备，从而获得领先优势。

④全面市场机会与局部市场机会　全面市场机会是指在大范围市场出现的未满足的需求，在大市场中寻找和发掘局部或细分市场机会，见缝插针，拾遗补缺，创业者就可以集中优势资源投入目标市场，有利于增强主动性，减少盲目性，增加成功的可能。局部市场机会则是在一个局部范围或细分市场出现的未满足的需求。

5.2　创业机会市场调查

5.2.1　市场调查的基本内容

市场调查的内容是十分广泛的，但归纳一下，主要是以下 5 个方面：

(1) 消费者需求方面的情况

顾客的需求应该是企业一切活动的中心和出发点，因而调查消费者或用户的需求就成为市场调查的重点内容。主要包括服务对象的人口总数或用户规模、人口结构或用户类型、购买力水平及购买规律、消费结构及变化趋势、购买动机及购买行为、购买习惯及潜在需求、对产品的改进意见及服务要求等。

(2) 调查生产者供应方面的情况

这方面的调查应侧重于与本行业有关的社会商品资源及其构成情况，有关企业的生产规模和技术进步情况，产品的质量、数量、品种、规格的发展情况，原料、材料、零备件的供应变化趋势等情况，并且从中推测出对市场需求和企业经营的影响。

(3) 调查销售渠道的情况

主要调查商品销售渠道的过去与现状，包括商品的价值运动和实体经济的各个环节、推销机构和人员的基本情况、销售渠道的利用情况、促销手段的运用及其存在的问题等。

(4) 调查新产品发展趋势情况

主要为企业开发新产品和开拓新市场搜集有关情报，内容包括社会上的新技术、新工艺、新材料的发展情况，新产品与新包装的发展动态或上市情况，某些产品所处的市场生命周期阶段情况，消费者对本企业新老产品的评价以及对其改进的意见等。

(5) 竞争对手分析

这一分析的主要目的在于估计竞争对手对企业的竞争性行动，可能采取的战略和反应，从而有效地制定企业自己的战略方向及战略措施。在进行竞争对手分析时，需要对那些现在或将来对客户的战略可能产生重大影响的主要竞争对手进行认真分析。

5.2.2　市场调查的常见方法

5.2.2.1　按调查范围分类

(1) 市场普查

市场调查是对市场进行一次性全面调查，这种调查量大、覆盖面广、费用高、周期长、难度大，但调查结果全面、真实、可靠。一般创业者做的一些创业项目，没有必要搞这种大规模的市场普查。

（2）抽样调查

抽样调查是据此推断整个总体的状况。如经销专门针对小学生的动漫精品店，可选择一两所学校的一两个班级的小学生进行调查，从而推断小学生群体对该种产品的市场需求情况。

（3）典型调查

典型调查是从调查对象的总体中挑选一些典型个体进行调查分析，据此推算出总体的一般情况。

5.2.2.2 按调查方式分类

（1）访问法

访问法是事先拟定调查项目，通过面谈、电话等方式向被调查者提出询问，以获取所需要的调查资料。这种调查简单易行，有时也不是很正式，在与人聊天闲谈时，就可以把想调查的内容穿插进去，在不知不觉中进行着市场调查。

（2）观察法

观察法是调查人员亲临顾客购物现场，如商店和交易市场；亲临服务项目现场，如饭店内和客车上。直接观察和记录顾客的类别、购买动机和特点、消费方式和习惯、商家的价格与服务水平、经营策略和手段等，这样取得的一手资料更真实可靠。要注意的是该调查行为不要被经营者发现。

（3）试销或试营法

对拿不准的业务，可以通过试营业或产品试销来对市场进行分析。通过试销采集数据进行分析，首先，要确定调查的项目技术或者产品能不能做，很多时候，调查收集到的材料便足以帮助我们做出大概的判断；其次，确定项目技术、产品在市场上的地位，明确优缺点，对市场进行细分；最后，做出判断是否进行正式销售或营业。

5.3 创业项目的挖掘与选择

5.3.1 创业项目的主要来源

5.3.1.1 学生自主发现

案例：福州大学——"兼客"让信息有用而透明

福州大学至诚学院的陈明富团队发现兼职信息不对等，于是瞄准兼职市场，为大学生打造"真实、免费、便捷、精准"的理想 O2O 兼职平台"兼客"App，实现了兼职时间、地区和岗位精准匹配。

点评：随着高等教育改革的深入，学科交叉与融合越来越紧密与频繁，在一定程度上促使学生对未知领域具有强烈探索兴趣和创造欲望，形成创造性思维，为创新创业奠定良好的基础。在历届"互联网+"大赛中，学生自发而成的双创项目表现尤为明显。

5.3.1.2 科技成果转化

案例：华中科技大学——提高钢轨寿命周期10倍以上

"慧淬"学生团队提出高重频飞行激光扫描淬火技术，在不用拆卸钢轨的前提下，对钢轨表面进行二次甚至多次强化，使钢轨的全寿命周期较以往提高10倍以上。

点评：2015年，我国颁布《中华人民共和国促进科技成果转化法》等相关法律文件；2016年，教育部与科技部又联合发布相关细则。在此背景下，越来越多的高校重视将科研项目转化为大学生创新创业项目，形成了大学生高质量创新创业项目的重要推动力。

5.3.1.3 产教融合协同创新

案例：山东商业职业技术学院——无水之鱼也能一次保鲜运输千公里

山东商业职业技术学院毕业生、山东睿隆农业科技有限公司的职员宋佳琪的团队通过对海产品停食暂养和梯度降温技术，并结合纯天然植物源休眠诱导剂，让鲜活的海产品休眠，然后向密闭容器内灌入不同比例混合气体，实现无水运输技术。

点评：近年来，随着经济结构的转型升级，应用型人才紧缺成为经济发展短板，众多高校以国家及社会需求为导向，开始深度探索应用型人才培养之道，即瞄准企业现实人才需求，努力培养与企业对口的创新型人才，促进校企合作，建立产教融合的导向机制，为企业转型升级提供智力支持。

产教融合为高校和企业之间搭建了一座资源共享的平台，学生通过企业提供的实践基地或实训场景，在理论指导实践的过程中实现创新发展，而企业则将学生的创新进行产业化。所以产教融合协同创新的大学生双创项目，成为越来越多职业院校在双创工作中的发力点。

5.3.1.4 特色专业与优势学科相结合

案例：西南石油大学——一角钱就可解决手机爆炸

西南石油大学材料工程与科学学院的钟雪鹏团队成功研制了世界上第一张由天然木质纤维素制成的锂离子电池隔膜。产品高效安全，生产工艺简便，每张手机锂电池的隔膜生产成本只要一角钱。

点评：当我国由发展大国逐渐步入发展强国行列，"中国制造"向"中国智造"的转变成为迫切之需，创新也成为"智造"的核心。为此，国家正加速推进一流大学和一流学科建设，以奠定更坚实的科技创新基础。大学生的双创项目如何更具创新力？大学生项目团队要更好地与学校的特色专业及学科特色紧密结合，通过创新创业，进一步反哺学校特色专业与学科建设。

5.3.1.5 "互联网+"新技术

案例：江南大学——抓住"数字"时代的机遇

电子信息工程专业的孙文博、动画专业的庄继顺团队通过制作多部专业、完美的VR（虚拟现实）电影，并将VR体验延伸到直播中，为客户带来了全新的沉浸式体验。

点评：当前，基于"互联网+"的技术创新与应用创新层出不穷，出现了很多与VR、AI（人工智能）、物联网、大数据及云计算深入结合的双创项目。"互联网+"是人类在技术领域的巨大进步，将重新建构世界的连接方式，重新配置社会资源。在这个过程中，不断涌现的新技术将大大激发大学生双创热情。

5.3.1.6　大手拉小手

案例：华南农业大学——果蔬生长不用"喂"农药

华南农业大学微生物学专业的刘永林团队在博士生导师蒋刚彪教授的指导下，推出高新材料替代农药用于果蔬生产，彻底改变传统的防虫抗病方法，轻松培养无毒绿色的放心果蔬，并带动产业升级。

点评：在"互联网+"时代，教师对知识的掌握不再具有绝对优势。教师作为教学主体，是大学使命与组织目标的具体承担者，向既掌握高等教育基本教学规律，又在本专业领域具有较强专业应用能力的"双师型"教师转变，是保障高校人才培养质量的关键。尤其在人才培养过程中，不能简单地否定导师的主导作用和学生主体作用，而更要强调教师和学生要成为学习的合作者。当前呈现出越来越多的师生联合创业的项目，教师于项目实施中进行教学指导，学生则在项目进行中使知识得以转化应用。

5.3.1.7　电子商务创新创业

案例：对外经济贸易大学——餐饮在线直通"六膳门"

对外经济贸易大学的哈楠团队以所在大学为起点，建立6个外卖配送点，覆盖北京市朝阳区及海淀区8所高校，并在校园内配送环节组建公司特有的物流众包团队，还将这一模式拓展延伸到白领市场。

点评：电子商务作为现代服务业中的重要产业，有"朝阳产业"和"绿色产业"之称，在云服务及大数据等"互联网+"工具协助下，更是呈现出高速增长态势。

目前中国有诸多电子商务平台可为大学生提供创新创业机会。利用第三方电子商务平台创新创业，门槛相对较低，可以发挥大学生熟悉互联网的优势，帮助线下传统企业电商运营。基于第三方"电子商务平台"的创新创业，适合小微企业创业，能够较好实现"通过创业带动就业"。

5.3.1.8　政府公共服务采购与社会公益需求

案例：浙江大学——在空气里把手洗干净

浙江大学能源工程学院的李启章、陈璞阳团队成功研制出一台简洁、实用的"空气洗手装置"，还将推出重力驱动系列：使用者站在洗手台下方一个台阶，设备即可压缩空气以供洗手，整个过程几乎不产生任何水的消耗。

点评1：商业创新在创造巨额财富的同时，也在不同程度上造成人类"公共财富"的消退。因此，政府或非营利性机构等开始依靠社会创新，对财富和资源进行调配，以增进公共福利。

点评2：公益创业指采用创新方法解决社会问题并创造社会价值而非个人价值，而这恰如其分地与当代大学生所追求的公益情怀、传递正能量的社会担当遥相呼应。大学生公益双创项目正呈现欣欣向荣之势。

随着政府的简政放权，越来越多的政府职能将通过面向社会采购服务的方式进行，这就蕴含了巨大的双创机遇。

5.3.1.9 "一带一路"与全球经济一体化

案例：新疆大学——用"语音"翻越千山万水

新疆大学软件工程专业的吾提库尔·艾尔团队通过语音识别、语音合成、自然语言理解技术、机器翻译及大数据技术，创立了能实现语音输入、语音翻译和语音搜索等功能的"语音+"项目。采用大数据技术与手机智能交互，实现信息检索，完成语音转换，搭建语言的"一带一路"。

点评：全球经济一体化必将推动中国高等教育的国际化。而"一带一路"发展计划则更深度地发掘了区域内的市场潜力，创造了需求并促进投资和消费。其中，越来越受关注的跨界电商就是一个很好的缩影。具有语音与区域优势的学校则可以充分把握机会，为大学生在该领域的双创开辟渠道，搭建国际化平台。

5.3.2 创业机会与个人匹配

创业活动是创业者与创业机会的结合，影响创业机会识别既有主观因素，也有客观因素。由于创业者个性特质的差异，以及各个创业者所面临的创业环境和资源约束条件的不同，创业者尽管发现了创业机会，但这并不意味着能够创业，更不意味成功就在眼前，因为并非所有创业机会都适合每个人。

判断创新创业机会是否适合自己的主要依据在于机会特征与个人特质的匹配。一方面，创业者识别并开发创业机会；另一方面，创业机会也在选择创业者，只有当创业者和创业机会之间存在着恰当的匹配关系时，创业活动才最有可能发生，也更有可能取得成功。

陈天润，世墨芯(湖州)科技有限公司的创始人，也是信息与电子工程学院电子科学技术专业的一名学生。高中时期，陈天润就醉心于动手创作，对科技创新有着天生的敏锐度，在不耽误学业的同时自学了绘画和编程。陈天润认为："将书本中学到的知识变成一件产品，是一件很酷的事。"他擅长从生活中寻找灵感，构思出一件件创新产品的设计方案，同时他的室友具备很强的动手能力，协助他一起把创意变成产品。由于同学们觉得去打印复习资料浪费时间，他们就一起发明了可以随时随地打印的微型打印机；由于同学们觉得上学走路太累，他们就研发出一款可实现半自动驾驶的平衡车；由于二人对魔方感兴趣，他们就研发出一款可自助解魔方的机器手臂。

个体能否感知到创业机会的存在，取决于他们是否拥有先前知识去甄别外部信息，这意味着掌握特定领域的知识对识别创业机会至关重要。显然，个人因素(如先前经验)有助于创业者感知和识别创业机会因素(如新信息的价值)。从个人特质和机会特征匹配的视角看，创业机会识别过程大体可分为以下两个阶段：

(1) 识别"第三人机会"阶段

所谓"第三人机会"，是指对于某些市场主体而言感知到的某种潜在机会，创业者依据先前经验和认知因素，对外部信息进行搜集、分析和甄别，通过增补型匹配、互补型匹配和结构性匹配3种匹配方式，识别出第三人机会。

①增补型匹配 指有关顾客信息与创业者所掌握的知识相同或相似，或者有关技术的

信息与创业者所掌握的技术知识相同或相似，从而能产生类似于成员—组织匹配理论中的增补型匹配的效果，这种匹配会增强创业者的创业意图。

②互补型匹配　指个人因素或机会因素能在一定程度上改善创业环境或者补充创业环境所缺少的东西，从而产生类似于成员—组织匹配理论中的互补型匹配的效果。例如，创业者掌握了有关顾客需求的先前经验，外部环境提供了相关新技术的信息。如果这种新技术信息能用来解决创业者认知的顾客需求，那么，创业者先前掌握的关于顾客问题的知识与外部环境提供的关于新技术的信息就属于互补型匹配。显然，互补型匹配有利于识别创业机会。

③结构性匹配　指已知某种知识关系（如某种技术或服务适合应用于某类顾客），通过直接推理、类比推理、相似性比较、模式匹配等方式，把这种知识关系用于改进新的措施或实际的顾客需求与创业者所拥有的知识、技术和服务方法或新技术之间的匹配上，这与认知领域结构匹配理论中的结构性匹配相类似。

（2）识别"第一人机会"阶段

"第一人机会"阶段是指对于创业者本人而言有价值的阶段，根据创业意图理论，创业者在考察创业机会时会重点考察机会特征中的营利性和不确定性，而机会的创新性与营利的不确定性密切相关。创业者个人的认知因素、成就需要、自我效能感被认为是最为重要的个人特质。

因此，在识别出第三人机会基础上，该机会的创新性、营利性和不确定性程度若能与创业者个人特质中的认知因素、成就需要、自我效能感相匹配，那么创业者就可能感知和识别出第一人机会。如果两者不能匹配，那么，创业者就会放弃第三人机会。可见，创业机会是否适合自己的主要依据在于机会特征与个人特质的匹配。

5.4　SPSS 数据处理软件在市场调查统计分析中的应用

5.4.1　SPSS 数据处理软件概述

SPSS 软件包集数据整理、分析过程、结果输出等功能为一体，采用窗口操作界面，统计分析方法涵盖面广，用户操作使用方便，输出数据表格图文并茂，并且随着它的功能不断完善，统计分析方法不断充实，大大提高了统计分析工作的效率。从 1968 年开发使用至今，已经广泛应用于各领域，现已成为世界上应用最广泛的专业统计软件之一。

SPSS 是世界上最早采用图形菜单驱动界面的统计软件，它最突出的特点是操作界面美观，输出结果清晰。它将几乎所有的功能都以统一、规范的界面展现出来，使用 Windows 的窗口方式展示各种管理和分析数据方法的功能，对话框展示出各种功能选择项。用户只要掌握一定的 Windows 操作技能，精通统计分析原理，就可以使用该软件为特定的科研工作服务。SPSS 采用类似 Excel 表格的方式输入与管理数据，数据接口较为通用，能方便地从其他数据库中读取数据。其统计过程包括了常用的、较为成熟的统计过程，完全可以满足非统计专业人士的工作需要，存储为专用的 SPO 格式，可以转存为 HTML 格式和文本格式。对于熟悉老版本编程运行方式的用户，SPSS 还特别设计了语法生成窗口，用户只需在菜单中选好各个选项，然后按粘贴按钮就可以自动生成标准的 SPSS 程序。

SPSS 是一个组合式软件包，它集数据录入、整理、分析功能于一身。用户可以根据实际需要和计算机的功能选择模块，以降低对系统硬盘容量的要求，有利于该软件的推广应用。SPSS 的基本功能包括数据管理、统计分析、图表分析、输出管理等。SPSS 统计分析过程包括描述性统计、均值比较、一般线性模型、相关分析、回归分析、对数线性模型、聚类分析、数据简化、生存分析、时间序列分析、多重响应等几大类，每类中又分几个统计过程，如回归分析中又分线性回归分析、曲线估计、Loglstlc 回归、ProbIt 回归、加权估计、两阶段最小二乘法、非线性回归等多个统计过程，而且每个过程中又允许用户选择不同的方法及参数。SPSS 也有专门的绘图系统，可以根据数据绘制各种图形。

5.4.2　SPSS 数据处理软件特点

其在市场调查统计分析中的应用具有以下特点：

（1）易用、易学

SPSS 采用直觉式使用界面或者说可视化界面，无须编程就可以完成工作，极大地提高了工作效率。此外，SPSS 拥有强大的辅助说明系统，可帮助用户学得更快。

（2）具有强大的表格和图形功能

SPSS 能清楚地显示用户的分析结果，可以提供 16 种表格格式。此外，它具有顶级图形分析功能，能给出各种有用的统计图形。作为分析的一部分，它能自动生成统计结果图形，还能对统计过程进行图形绘制和图形分析。

（3）具有深入分析数据的功能

除了一般常见的描述统计和推断统计外，它还包括在基本分析中最受欢迎也是在市场调查中最常用的现代统计程序，如列联表分析、主成分分析、因子分析、判别及聚类分析。

5.4.3　SPSS 数据处理软件在市场调查统计分析中的应用模式

5.4.3.1　应用模式

根据市场调查统计分析的需要，可以将 SPSS 的应用模式分为以下几种类型：

（1）统计描述应用模式

统计描述应用模式指在市场调查统计分析的过程中，借助 SPSS 统计功能将收集到的大量数据进行分析、综合、归纳、列表、绘图等处理工作。一般而言，统计描述主要分为三方面的内容：单变量截面数据的描述、相对数的统计描述、双变量截面数据的描述。SPSS 最常用于描述性分析的 5 个过程集中在 Descriptive Statistics 菜单中，分别为：Frequencies 过程、Descriptives 过程、Explore 过程、Crosstabs 过程、Ratio 过程。统计描述应用模式不仅可以使研究者了解事物的性质，而且其统计量还是对事物进行推断统计的依据。

（2）假设检验应用模式

在市场调查中，通常所关心的是总体的某些特征和分布规律，而问卷调查只能考察总体的一部分或一个样本，统计推断和假设检验就是用样本去推断总体，实质上就是凭借概率理论用观察到的部分随机变量资料来推断总体随机变量的概率分布或数字特征，如期望值和方差等，并且作出具有一定可靠程度的估计和判断。

（3）量表分析应用模式

客观世界是普遍联系的统一整体，事物之间存在着相互依存、相互制约、相互影响的关系。市场活动中的许多现象也不例外，都有其产生的原因，都要受一定因素的制约，都是一定原因的必然结果。通过不同事物"量"的变化可以观察并测量出事物之间的相互关系、密切程度、因果关系、交互效应等。在市场调查中，量表分析应用模式主要指通过对不同因子之间的发展变化而揭示出因子之间关系结果的方式。量表分析主要包括以下几种分析：回归分析、聚类分析、判别分析、因子分析、相关分析、可靠性分析等。

5.4.3.2 案例分析

例如，一电器公司对某地区电冰箱的销售情况进行了市场调查，其中，年份、电冰箱销售量 Y（千台）、新结婚户数 X_1（千户）、居民户均收入 X_2（千元）的资料见表5-1所列。

表5-1 基本情况

年份	电冰箱销售量 Y（千台）	新结婚户数 X_1（千户）	居民户均收入 X_2（千元）
2016	20	22.0	28.5
2017	26	22.5	34.0
2018	30	23.1	38.6
2019	34	23.4	40.0
2020	40	24.0	42.5
2021	44	24.5	46.0
2022	49	26.0	50.2
2023	55	28.5	54.8

首先，分别对电冰箱销售量 Y（千台）、新结婚户数 X_1（千户）、居民户均收入 X_2（千户）进行描述性统计分析，具体步骤如下：

①运行 SPSS，按 Analyze→Descriptive Statistics→Descriptives 顺序打开 Descriptives 对话框。

②选定 Y、X_1、X_2 变量送入 Variable(s) 栏中；选中 Savestandardizedvaluesasvariables 复选项，要求计算变量的标准化值，并保存在当前数据文件中。

③单击 Options 按钮，打开对话框，选中 Mean、Sum、Std. deviation、Min-imum、Maximum、Range 复选项。

④在主对话框中单击 OK 按钮，提交运行。

输出结果见表5-2。从左到右看，分别为变量名称、观测量的频数、全距、最小值、最大值、和、均数以及标准差。

其次，分别考察 Y 变量与 X_1 变量、X_2 变量的关系，对其进行相关分析，具体步骤如下：

①运行 SPSS，读取数据文件后按 Analyze→Correlate→Bivariate 顺序单击菜单项，展开

对话框。

②制定分析变量，选择源变量栏中的 Y、X_1、X_2 送入 Variable(s) 栏。

③分别选择 Person 相关，One-tailed 单尾 t 检验，选中 Flagsignificantcorre-lations 复选项。

④在主对话框中单击 OK 按钮，提交运行。输出结果见表 5-3。

在行变量与列变量的交叉单元格上是这两个变量的相关计算结果。自上而下 3 个统计量分别为：Pearson correlation——皮尔逊相关系数；Sig.（1-Tailed）——单尾 t 检验结果。对于相关系数为 0 的假设成立的概率；N 为参与相关系数计算的有效观测量数。

表 5-2 Descriptive Statistics

	N	Range	Minimum	Maximum	Sum	Mean	Std. deviation
Y	8	35.00	20.00	55.00	298.00	37.2500	11.91338
X_1	8	6.50	22.00	28.50	194.00	24.2500	2.11862
X_2	8	26.30	28.50	54.80	334.00	41.8250	8.52639
Valid N (listwise)	8	—	—	—	—	—	—

表 5-3 Correlation

	Y	X_1	X_2
Y Pearson correlation	1	0.943…	0.993…
Sig.（1-tailed）	—	0.00	0.000
N	8	8	8
X_1 Pearson correlation	0.943…	1	0.946…
Sig.（1-tailed）	0.000	—	0.00
N	8	8	8
X_2 Pearson correlation	0.993…	0.946…	1
Sig.（1-tailed）	0.000	0.000	—
N	8	8	8

表 5-3 显示，电冰箱销售量 Y 与新结婚户数 X_1、居民户均收入 X_2 有着极强的正相关，皮尔逊相关系数分别高达 0.943 和 0.993。

最后，从表 5-3 中可以看出电冰箱销售量 Y 与居民新结婚户数 X_1、居民户均收入 X_2 有一定关系，可用二元线性回归预测法进行预测。具体步骤如下：

①运行 SPSS，读取数据文件后按 Analyze→Regression→Linear 顺序单击菜单项，展开对话框。

②在左侧的源变量栏中选择变量 Y(电冰箱销售量)作为因变量进入 Dependent 框中，选择 X_1(居民新结婚户数)、X_2(居民户均收入)作为自变量进入 Independent(s)框中。

③在 Method 选择框中选择 Stepwise(逐步回归)作为分析方式。

④提交系统执行结果。

从输出的众多表格中选取表 5-4(回归系数分析表)。其中,Model 为回归方程模型编号,Unstandardized Coefficients 为非标准化回归系数,Standardized Coefficients 为标准化回归系数,t 为偏回归系数为 0 的假设检验的 t 值,Sig. 为偏回归系数为 0 的假设检验的显著性水平值。

表 5-4　Coefficients

	Y	X_1	X_2
Y Preson correlation	1	0.943…	0.993…
Sig. (1-tailed)	—	0.00	0.000
N	8	8	8
X_1 Preson correlation	0.943…	1	0.946…
Sig. (1-tailed)	0.000	—	0.000
N	8	8	8
X_2 Preson correlation	0.993…	0.946…	1
Sig. (1-tailed)	0.000	0.000	—
N	8	8	8

表 5-4 显示,常数(Constant)、居民户均收入(X_2)具有统计意义,而居民新结婚户数(X_1)因显著性水平值(t=0.834>0.5)较高而不具有统计意义。从表 5-4 中可以推出模型方程:$Y=-20.771+1.387X_2$。若预计 2017 年该地区居民新婚户数为 30.2 千户,居民户均收入 62.5 千元,根据模型方程不难推出 2017 年电冰箱销售量 $Y=-20.771+1.387×62.5=65.92$(千台)。上述案例为较简单的线性回归操作,实际上,多元线性回归操作包含了众多的知识和内容,较为复杂,本例从中提取出一般的规律性,便于快速学习和快速操作。

综合上述 SPSS 软件技术的应用案例,SPSS 技术在市场调查统计分析中应用的一般方法如下:

① 录入编辑市场调查中的数据。
② 根据研究需要以及问题的性质确定出利用 SPSS 的哪些统计功能。
③ 调用 SPSS 的菜单功能得到相应的统计结果以及相应的图表。
④ 根据统计结果和图表进行相关分析,为市场调查提供可靠的科学依据。

上述范例给出了如何利用 SPSS 技术来减少市场调查研究人员的统计工作量、提高研究结果准确性、可信性的一种工作方案。总之,SPSS 技术集数据录入、数据管理、统计分析、报表制作、图形绘制为一体,为市场调查的统计分析提供了有力的支持和实用的方法,是市场调查统计分析的良好工具。

◈ 实践活动

请做一个市场调查,并利用 SPSS 软件进行数据处理。

第6章 商业计划书

> **【案例】**
>
> 为什么投资喜茶
>
> 2014年，第一家喜茶店在广东中山市小榄镇开业，短短几天，门口就排起长龙。2016年，喜茶获得了超1亿元的融资，由IDG技术创业投资基金以及投资人何伯权共同投资。一杯茶为何能打动何伯权？在何伯权看来，喜茶项目的升级在于两个方面。
>
> 首先是理念升级，不能骗消费者。"用最好的材料，在全世界寻找最好的茶。创始人完全能理解80后、90后对茶饮口味、包装甚至广告的偏好。"其次，一定要有"性价比"的概念，将最好的产品放在最好的地点、最好的售卖环境销售。何伯权认为，如今中国人的财富已经积累到一定程度，消费者已经有了品质判断能力，也有传播能力。"在自媒体时代，每个人都拿着手机，随时可以发自己看到、尝到和感受到的，评价好不好，立刻会影响到很多人。""这就是消费升级，我大部分投资都是消费升级的新商业模式。"何伯权这样概括自己的投资理念：以更好的出品、更好的环境和更好的服务，带来消费体验的整体升级。

思考与启示：为什么一杯茶能打动何伯权？如果你有一个好的创业项目，应当如何写好一份商业计划书来打动你的投资者？

6.1 商业计划书概述

6.1.1 商业计划书的概念

商业计划书是公司、企业或项目单位为了达到招商融资和其他发展目标，根据一定的格式和内容要求编辑整理的一个向受众全面展示公司和项目目前状况、未来发展潜力的书面材料。商业计划书对于任何形式出资的创业者来说都是必要的，因为创业不能只凭热情和冲动，更需要理性的思考。因此，在创业前，做一个较为完善的计划是非常有意义的：第一，做商业计划时，它可以比较客观地帮助创业者分析创业的主要影响因素，能够使创业者保持清醒的头脑；第二，一份较为完善的商业计划，可以成为创业者的创业指南或行动大纲；第三，可以作为取得创业投资的商业可行性报告。一份优秀的商业计划书会成为创业者融资的"敲门砖"和"通行证"。

6.1.2 商业计划书的意义

商业计划书具有两个最基本的功能：一是为创业者、创业管理团队和企业雇员提供一份清晰的、企业发展目标和发展战略的说明书；二是为潜在顾客、商业银行和风险投资家提供一份推销企业的报告。没有一份好的商业计划，就很难从投资者那里筹集到资金。在制订商业计划书的过程中，创业者对产品(或服务)、市场、财务、管理团队等进行详细分析和调研，这有助于创业者及早发现问题，进行事前控制，帮助创业者找到影响企业成败的关键因素，这是创业者对企业进行进一步认识的一个重要过程。

商业计划书发展至今，已经由单纯地面向投资者转变为企业向外部推销宣传自己的工具和企业对内部加强管理的依据。它的重要性主要体现在以下5个方面。

(1) 使创业者整体把握创业思路、明确经营理念

每一位创业者在创业之初都会对企业的发展方向以及经营思路有一个粗略的设想，但如果把这一设想编写成规范的商业计划书，则会发现并非如设想的那样容易，会存在资金不足、市场增长率低等问题，有时候还不得不放弃创业的念头。商业计划书可以使创业者严格、客观、全面地从整体角度观察自己的创业思路，明确经营理念，以避免企业失败可能导致的巨大损失。另外，在研究和编写商业计划书的过程中，经常会发现创业过程并不完全与所期望的一样，此时，创业者会根据实际情况采用不同的策略使创业活动更加可行。因此，商业计划书的编写过程就是创业者进一步明确自己创业思路和经营理念的过程，也是创业者从直观感受向理性运作过渡的过程。

(2) 帮助创业者有效管理新创企业

成功编制商业计划书可以增强创业者的创业信心。因为商业计划书既提供了企业全部现状及发展方向，又提供了良好的效益评价体系及管理监控标准，使创业者在管理企业的过程中对企业发展中的每一步都能做出客观的评价，并及时根据具体的经营情况调整经营目标、完善管理方法。

(3) 宣传本企业，并为融资提供良好的基础

成功的商业计划书是新创企业的象征和代表，它使创业者与企业外部的组织及人员得以良好的沟通，是企业进行对外宣传的重要工具。它的作用具体表现在：寻求战略性合作伙伴和签订大规模的合同；寻求风险投资；吸引优秀管理人员；获得银行资助。

(4) 可以强迫创业者为制订的计划提供理由

通常情况下，人们决定做某一件事情是因为"前人都是这么做的"，很少考虑其中的原因，而计划则强迫你给出理由，或者至少说明你为什么要制订这个计划，从而明确经营的目标。

(5) 可以展示创业者的能力与决心

好的商业计划书是一份令人赏心悦目的文件，它可以向有关领导人和供货商表明你将如何创业，同时也可以表明创业者将对企业的全力投入。

总之，对于创业者而言，商业计划书是集中精力、系统思考与解决新创企业有关重大

问题的有效工具,也是创业者对创业管理团队和雇员进行有效约束的法规性文件。商业计划书是创业者寻求资金来源的名片,一份准备充分的商业计划书能够帮助新创企业获得商业银行的信任,从而得到充足的贷款。各类投资者和债权人通过商业计划书能够了解新创企业的产品(或服务)、管理策略、市场规划、盈利预测等,增进对新创企业产品或服务的类型、市场性质以及对创业者及其管理团队素质的认同,从而决定是否有必要进行合作。如果对商业计划书没有充分的了解,没有良好的评价,风险投资公司或商业银行就根本不会考虑向新创企业投资或贷款。因此,商业计划书对于在新创企业与各类投资者及商业银行之间建立起良好的关系具有重要作用,创业者应在新创企业项目启动的初期使用商业计划书来激起投资者的兴趣。

6.1.3 商业计划书的类型与适用对象

按照不同的分类标准,商业计划书可分为多种类型,在编写过程中,创业者应该根据具体情况调整结构,增减要素和议题,采用灵活多样的形式来提升商业计划书的效果。

根据商业计划书的结构和篇幅不同可将商业计划书分为略式商业计划书(概括式)和详式商业计划书。

(1)略式商业计划书

略式商业计划书是一种比较简明、短小的计划,它包括企业的重要信息、发展方向以及少部分重要的辅助性材料。略式计划内容通常为10~15页。一般来讲,略式商业计划主要适用于以下情况:申请银行贷款;创业者享有盛名;试探投资商的兴趣;竞争激烈、时间紧迫。

(2)详式商业计划书

详式商业计划书篇幅通常为30~40页,并附有10~20页的辅助文件。详式商业计划书中创业者能够对整个创业思想做一个比较全面的阐述,尤其能够对计划中关键部分进行较详细的论述。详式商业计划有下列两种用途:详细探索和解释企业的关键问题,寻求大额的风险投资。

6.1.4 商业计划书的主要内容

商业计划书应尽可能充实,为自己和潜在投资者描绘一份完整的蓝图。一份完整的商业计划书主要包括以下内容:

6.1.4.1 摘要

摘要是商业计划书的第一部分,也是商业计划书中最重要的一个部分,相当于整个商业计划书的浓缩,是商业计划书的精华。这一部分是读者最先阅读之处,如果摘要写得不好,会使读者没有读下去的兴趣。如果商业计划书是为了吸引创业投资,摘要就显得更加重要,因为对于风险投资家来说,一般可能需要同时阅读多份商业计划书,如果摘要没有引起风险投资家的兴趣,商业计划书里其他更为有效的内容就不会被阅读。这样的话,即使是非常好的项目,也可能会由于筹集不到资金而导致失败。因此,需要高度重视商业计划书中的摘要部分。

摘要应该是让投资者能够马上理解你的观点,快速掌握商业计划书的重点,然后做出是否愿意继续读下去的高度浓缩性内容。在摘要中，应重点向投资者传达以下几点信息：

①商业计划书是正确的、合乎逻辑的；

②商业计划书是有科学依据和充分准备的；

③有一个强有力的创业团队来管理好这个企业；

④财务分析是科学和实际的，一定能让投资增值；

⑤有合理的退出方案。

6.1.4.2 企业概况

企业概况是新创企业或创业者拟定的企业总体情况介绍。明确阐述创业背景和发展的立足点，是商业计划书不可缺少的关键要素，企业概况的主要内容应该包括以下几方面：

（1）企业名称

企业名称是指公司名称及公司名下的一些商标、品牌等。商业计划书应包括公司法律名称、商标、品牌名称、商业名称、子公司、分公司等。

（2）企业目标

成功的企业都有非常明确的企业目标，它包括企业的性质、经营理念、财务目标、市场目标、企业文化、企业形象等。

（3）企业定位

企业定位是指新创企业的行业选择、业务范围以及经营思路的确定，是新创企业的现实状况的必要说明，也是计划书其他部分的基础。

（4）企业法律形式

企业法律形式是指计划书中必须明确企业是属于有限责任公司、个人独资企业还是合伙企业等，企业的注册地、注册资金、股东和法定代表人等情况也需要说明。

（5）企业管理团队

企业管理团队要写明公司的创始人、合伙人、董事长、董事会、总裁、各项目负责人等情况。

（6）企业战略

企业战略是公司生产、销售策略的总体概括。创业者应该对如何成功地经营新创企业有一个指导性的原则。

（7）财务状况

财务状况要简单介绍一下公司到目前为止的资金状况、来源、主要财务人员和职责、资金投入情况及其用途等情况。

（8）产品服务

产品服务应写明产品技术特点和服务的项目种类，企业未来研发的产品和服务及实施时间。

（9）专利

专利包括企业的商标、专利权、许可证、版权、知识产权等，写明这些是否还在保护期内。

6.1.4.3 产品和服务

产品和服务是企业最终的利润来源，投资者在进行投资项目评估时最关心的问题就是企业的产品、服务能否满足人们的需要，解决现实生活中的问题。因此，产品和服务介绍是商业计划书中不可缺少的一项内容。通常产品和服务介绍包括：概念、性能、质量、特征、市场竞争力、研发过程、成本、市场前景预测、品牌和专利、研发新产品计划、附加价值、可替代产品介绍等。

6.1.4.4 行业分析

（1）分析自己的企业和所在行业

一个企业要想长久立于不败之地，必须了解自己的优势和劣势。清楚地知道自己与其他企业的相同和不同之处；对自己所在行业有深刻的了解和正确的认知；客观地认识影响企业和整个行业的因素，从而找到影响企业成功的关键因素。

（2）分析市场和客户

正确地定义目标市场，是商业计划书中重要的一部分。了解市场可以更科学地制定市场影响策略和开发新产品及服务，还可以预测未来的销售和利润状况。在撰写"市场和客户"部分时主要集中在整个市场的描述、市场变化趋势、市场划分、市场定位、目标客户等几个方面。投资者最关心的是你的产品或服务是否有充足的市场，因此，必须清楚地了解市场机会、潜在客户和局限性，必须向投资者证明有明确的目标市场。

（3）分析竞争对手

在分析竞争对手情况时要客观公正，不夹带情感因素，客观地评价竞争对手会给投资者留下良好的印象。

6.1.4.5 组织结构与管理

企业的成功直接取决于人的素质，人是决定企业成败的第一因素。因此，组织结构与管理对创业的成败至关重要，也是投资者或其他读者着重注意的部分之一。从创业来看，一个创业团队，需要具备3个方面的优秀人才：优秀的管理者、优秀的技术人员、优秀的营销人员。一个人才结构合理，组织设计适当，管理与技术、营销水平较高的创业团队，通常更容易创业成功。创业者需要认真考虑创业团队的构建，并在商业计划书中准确地描述出来，既能够获得更多人的支持，也能够增强创业者的信心。

（1）组织结构

对各个岗位的层次关系，每个（类）成员的简要职务进行说明，可用一张图来描述。各阶段的结构可以有适当的变动，结构图复杂程度也可以不一样。

（2）管理队伍

介绍管理队伍时，应该考虑以下人员：主要领导人、董事会成员、顾问委员会成员、企业在今后需要增加的领导者等，要注重介绍他们的经验、经历、业绩、学历、领导才能等方面的特点。

（3）管理风格

企业的管理风格包括明确的管理制度、企业员工采用的人际交流方式、管理者充分激励员工的举措、员工对企业的影响力等。

(4) 绩效考评制度

标识出新创企业以生存发展为目标的活动导向，使人员各尽其职。量化要达到的目标以及评价的依据。

(5) 奖惩制度

建立激励机制，使员工尽可能地提高工作效率。奖惩尽量与成果挂钩，要有限度地容忍员工的失误。

(6) 任用标准

各个岗位的标准不能一样，这样可以减少人力成本。根据职务分析，确定用人标准。既要考虑能力，也要考虑岗位特征，要根据岗位特征选择合适的人，根据员工的能力特征安排其到合适的岗位。

(7) 培训

培训的资格和形式要明确指明(脱产/不脱产、正式/非正式、每次培训的时间、培训考核)。

(8) 工作描述和职务分析

取决于各岗位的实际情况，我国现在的新创企业里，一开始就养成职务分析的习惯，以便日后的管理。

(9) 关键的外部顾问

根据公司实际情况，有计划地聘任外部顾问，如法律顾问、公关顾问、管理顾问、技术顾问等。

6.1.4.6 市场营销计划

市场与竞争是每一个企业都要面临的问题，这关系到企业的生存与发展。因此，在商业计划书中要对该问题进行明确阐述。市场营销问题是确定客户并赢得客户的过程，销售和促销是实施市场营销计划所必需的。

(1) 市场与竞争

① 企业所处行业分析　在商业计划书中，应该就企业所处行业的全貌以及企业产品在行业中的需求变化情况进行描述。企业所处的行业及其在行业中所处的地位对于投资者来说是相当重要的信息，投资者可以从中判断出企业的未来发展。

商业计划书除了让投资者对新创企业所处的行业情况有一个明确了解外，对行业的发展也需做明确的了解。从而较为全面地掌握企业所处的环境信息。可以引用权威机构或权威人士对行业发展的趋势进行预测。

在商业计划书中对本行业的发展有一个比较清晰的介绍之后，还应该从更广的角度，从国内、国际大趋势的背景下考虑影响行业发展的因素及作用的大小。应该考虑以下几个方面的因素：经济、政府政策、文化和社会价值观、生活方式的变化趋势以及技术进步、工艺提高等。

② 市场及竞争分析　企业要想在市场中取得有利地位，就必须对市场需求有深入广泛

的了解。对于市场营销战略来讲，市场细分和市场定位是非常重要的。

市场细分是把潜在的顾客按不同特点加以分类。进行市场细分可以根据地理、人口、顾客的偏好等，商业计划书中应该就这些问题进行明确的介绍和全面的分析，然后在市场细分的基础上明确企业的市场定位。结合具体的企业营销战略和竞争情况，建立一个营销预算，然后根据预算结果及对竞争的分析，综合预测市场的前景。

充分分析来自各个方面的竞争，包括直接或间接的来自本地区的竞争、行业的竞争等，以便让读者通过商业计划书了解到市场竞争的全貌。在现代经济社会，一个企业所面对的竞争是全方位的，因此，在描述竞争的时候，应该从分析主要竞争对手开始。

（2）市场营销策略

找不到顾客就无法生存是企业经营的最基本原则。企业一旦定义了目标市场且分析好竞争对手，就要制定一整套的市场营销策略。好的营销策略要能够接近顾客，激发顾客的购买欲望，最终把顾客的购买欲望转化为购买现实。

①市场策略摘要　简单介绍企业的市场营销策略是什么，要达到什么样的目的、销售额、市场份额、如何让客户知道你的产品或服务、如何吸引更多的客户等。

②详细的市场开发计划　市场和销售虽然紧密相连，却是两个不同的概念，销售是直接把产品或服务送到顾客手中，而市场是通过传达某些信息促使顾客了解产品或服务。企业在介绍市场计划时要突出市场和销售并重的原则，对市场进行进一步的细分，并在时间和空间上对市场进行分割，抓住已有的市场，挖掘潜在的市场，要让投资人相信你已经对整体市场做了详尽的调查和分析，并已在宏观角度做好了规划。

③产品和服务的定价　定价是非常敏感的，要考虑的因素很多，包括成本、预计的利润率、留给分销商和经销商的利润、竞争对手的定价、客户可接受范围、产品售后服务的费用、损耗等。

（3）销售与促销

一旦明确了顾客的利益，就要通过销售和促销活动有效地向潜在顾客宣传这些利益，促使他们购买。销售与促销的内容大致如下：

①产品进入市场的方式　通过小规模试点，逐步进入市场，首先选准范围，在小范围内进行销售，然后逐步扩大销售范围。这种销售方式的最大特点是前期费用较少，风险也比较小，适合大部分创业者；不利因素是扩张速度较慢，可能会错过市场良机。除此之外，还可通过广告宣传攻势，快速进入市场。

②销售过程的设计　商业计划书中需要设计出可行的销售路径，如建立销售部门、销售公司或在各地设立销售分公司、办事处，还可以通过销售商、电话销售、网络销售、邮寄或批发和零售等方式进行销售。

③销售方法　高层管理人员销售，如对于高价商品，新创企业的总经理可以参与销售并访问客户、花时间同客户进行交谈、公司销售人员进行销售、扩大销售商及分销商规模。

④销售队伍的组织　商业计划书中应该比较完整地介绍销售队伍的组建方式，包括人员安排、具体职责、培训计划以及考核和管理办法等，尤其要提到培训计划和激励机制的问题。

⑤促销　在消费者心目中树立良好的形象是销售活动必不可少的部分。一般来讲，可以通过广告和公共关系等手段来实现。广告非常直接，首先要确定广告对象、估价、计算成本。对于新创企业来讲广告费用可能过于昂贵，而公共关系则是相对灵活的解决措施。首先要选择适合具体产品类型的促销手段，如展示、展览、雇用专业的公关公司等。其次在商业计划书中应该表明促销所要达到的具体效果，如通过产品广告或通过公关公司的包装，将提高多少销售量，将占有多少市场份额等。

6.1.4.7　财务计划

（1）资产流动性

现金流量是新创企业成功的关键，同时它还可以作为计划的工具，通过按期监控资金的流入流出状况，使创业者可以进一步计划未来，在商业计划书中应该详细说明资产流动的有关情况，这一部分也是投资者阅读的重点内容。筹资安排和现金储备，这一部分应该是在全部资金的基础上，进行5年的财务预测，其中包括自有资金及融资部分。此外还应充分了解现金的重要性。现金是流动资产的一部分，现金的多少代表企业的资产流动性，对企业流动比率有重要影响，也是投资商，尤其是银行家所关注的问题。

（2）收益预测

由于从利润表中可以得出企业的"保底线"，即新创企业在什么情况下盈利或亏损，所以应该对此给予相当的重视，主要包括：销售收入，销售收入方面的数据是通过销售预测而来的，对于新创企业来讲，销售预测是财务的基础；成本及费用；净利润；资产负债表预测。

依据标准的资产负债表进行5年内的预测。资产负债表表示公司在某一时间点上资产与负债的状况。资产负债表的一侧表示公司的流动资产以及固定资产；另一侧表示负债、流动负债、长期负债以及所有者权益等。

6.1.4.8　风险分析

为了使创业项目经营计划更完善，必须有风险描述这部分。风险的可能来源有：操作经验、技术力量、资源供应、管理经验不足，市场的不确定因素，生产的不确定因素，竞争对手的威胁，假冒伪劣商品，被模仿的可能性，关键管理方式的独立性问题等。进行风险分析是确认投资计划的风险，并以数据方式衡量风险对投资计划的影响，目的是向投资者说明控制和避免风险的策略。

商业计划书中的财务预测是在对可能发生的情况进行假设的基础上获得的，因此，假设的准确性对于财务预测具有重大影响，商业计划书中的风险分析部分应该以这方面的问题为重点。

（1）对3种情况的预测

在对商业计划书中的假设条件进行客观分析的基础上，根据所获得的财务数据划分为最好情况、一般情况、最差情况，编制相应的3个利润表。

（2）盈亏平衡分析

各种不确定因素（如投资、成本、销售量、价格、项目寿命期）的变化会影响投资方案的经济效果,当这些因素的变化达到某一临界值时,就会影响决策方案的取舍。盈亏平衡分析的目的就是找到这种临界值,判断投资方案对不确定因素变化的承受能力。

(3)敏感性分析

所谓敏感性分析,是指通过测试一个或多个不确定因素的变化所导致决策评价指标变化的幅度,了解各种因素变化时投资方案的承受能力。敏感性分析是经济决策中常用的分析方法。

6.1.4.9 公司策略

公司策略是公司中长期的一个发展规划。在给投资者的商业计划书中,投资者比较关心的一个问题是公司是否具有可持续发展。公司何时会开始盈利以及创业者对公司长期发展的策略规划。因此,创业者不但要考虑企业选择如何经营,还要考虑下一步要怎样发展,3年后、5年后公司如何保持长久的生命力。

在做这部分策略规划时,创业者要着重分析以下几个问题:公司何时会收支平衡;公司3年或5年内发展规划;产品研发计划、目标、困难和风险;双方长期合作意向;企业融资及再融资计划;企业有无上市计划;企业发展总体进度规划。

6.1.4.10 封面

要认真对待商业计划书的封面。俗话说"人靠衣裳马靠鞍",好的商业计划书也需要精心设计的精致封面。同时,商业计划书是比较严肃认真的文件,不可以过于花哨。

> 商业计划书内封页
> [××公司或项目]商业计划书
> [编写时间: 年 月]
> [指定联系人:姓名、职务、电话、传真、电子邮箱、通信地址、网页等]
> 保密须知
> 本商业计划书属商业秘密,所有权属于[×××或×××公司或项目组]。其所涉及内容和资料只限于已经签署投资意向的投资者使用。收到本商业计划书后,收件人应该即刻确认,并遵守以下规定:1. 若收件人不希望涉足本计划书所述项目,敬请按照上述地址尽快将本计划书完整退回;2. 在没有取得[×××或×××公司或项目组]的书面许可前,收件人不得将本计划书全部或部分复制、传递、泄露或散布给他人;3. 敬请您像对待自己或贵公司的机密资料一样对待本商业计划书所有的商业秘密。
> 谢谢合作!
> 商业计划书编号:
> 接收方:
> 公司:
> 签字:
> 日期:

6.1.4.11 商业计划书的检查与修改

商业计划书写完后,创业者要对计划书详细阅读,寻找不合适之处,以便修改,同时也要检查该计划书是否能够准确回答投资者的疑问，以争取投资者对本企业的信心。商业计划书基本框架如下：

封面

保密须知

第一部分　摘要

1. 项目背景
2. 项目简介
3. 项目竞争优势
4. 融资与财务说明

第二部分　企业概况

1. 企业基本情况
2. 组织架构
3. 管理团队介绍

第三部分　产品(服务)介绍

1. 产品(服务)概述
2. 产品(服务)的新颖性/先进性/独特性
3. 产品(服务)的竞争优势

第四部分　行业、市场分析

1. 行业发展现状
2. 目标市场分析
3. 竞争对手分析
4. 小结

第五部分　市场营销

1. 企业发展规划
2. 营销战略
3. 市场推广方式

第六部分　财务分析与预测

1. 基本财务数据假设
2. 销售收入预测与成本费用估算
3. 盈利能力分析：(1)损益和利润分配表；(2)现金流量表；(3)计算相关财务指标(投资利润率、投资利税率、财务内部收益率、财务净现值、投资回收期)
4. 敏感性分析
5. 盈亏平衡分析
6. 财务评价结论

第七部分　风险分析

1. 风险因素

2. 风险控制措施

第八部分　公司融资策略

1. 资金需求及使用规划：(1)项目总投资；(2)固定资产投资(土地费用、土建工程、室内装修、设备、预备费、工程建设其他费用、建设期利息)；(3)流动资金

2. 资金筹集方式

3. 投资者权利

4. 资金退出方式

6.2　商业计划书撰写

6.2.1　撰写商业计划书的原则

一份好的商业计划书必须呈现竞争优势与投资者的利益，同时也要具体可行，并提出尽可能多的客观数据来加以佐证。在写作过程中应该遵守以下原则。

(1) 市场导向

利润来自市场的需求，没有对市场进行深入的调查和分析，所撰写的商业计划书将会是空泛的。商业计划书应以市场为导向，并充分体现对市场现状的掌握和对未来发展趋势的预测能力。

(2) 开门见山

商业计划书应避免那些与主题无关的内容，要开门见山、直切主题。风险投资家没有时间来阅读一些对他来说毫无意义的内容。这种开门见山的写法比较容易引起投资者的注意和兴趣，提高融资成功的概率。

(3) 清晰明了

商业计划书应该把自己的观点清晰明了地表达出来。如果读完商业计划书都没有发现创业者明确的观点，不知道他的经营思路，那么投资者是不可能产生兴趣的。

(4) 观点客观

不要使用大量形容词来吹嘘，计划中所有内容必须实事求是，即使是财务计划，也不应该是凭空想象出来的，必须事先进行大量的数据采集和科学分析。

(5) 通俗易懂

商业计划中应该尽量避免技术性很强的专业术语。这些术语，不是谁都可以明白的，而且风险投资者更关心计划能为企业创造多少价值。过多的专业术语会影响读者的兴趣，让读者觉得太深奥。即使不得已要使用专业术语，也应该在附录中加以解释和说明。

(6) 前后一致

商业计划书的内容复杂繁多，容易出现前后不一、自相矛盾的现象。如果出现这种情况，让人很难明白，甚至对计划产生怀疑。所以，列出的数据和事实一定要前后一致，互相之间没有冲突。

(7) 突出优势

突出商业计划书的卖点，需要在计划中呈现竞争优势，创业者强烈的事业心，非凡的经营能力、优秀的管理团队、独一无二的技术优势、对市场清晰的认识等。但同时也应该说明可能遇到的风险或威胁，不能只强调优势和机遇而忽略不足和风险。

(8) 循序渐进

商业计划书不是一个简单的计划，是指导企业运行的管理工具。在创业初期，计划主要的功能是吸引投资者和雇员。但这并不是说计划只要吸引到投资者和雇员就可以了，还要在计划中确定企业的目标和具体措施，以指导企业未来的工作。商业计划书的内容繁多，写作时应该注意逻辑性。

6.2.2 商业计划书撰写准备工作

(1) 准备阶段

商业计划书的编写涉及的内容较多，制订商业计划书前必须进行周密安排。主要有以下准备工作：确定商业计划书的目的与宗旨；组成商业计划书工作小组；制订商业计划书编写计划；确定商业计划书的种类与总体框架；制订商业计划书编写的过程安排与人员分工。

(2) 资料准备阶段

以商业计划书总体框架为指导，针对创业目的与宗旨，搜寻内部与外部资料。包括新创企业所在行业的发展趋势、产品市场信息、产品测试、实验资料、竞争对手信息、同类企业组织机构状况、行业同类企业财务报表等。资料调查可以分为实地调查与收集二手资料两种方法、实地调查可以得到创业所需的一手真实资料，但时间及费用消耗较大；收集二手资料较易，但可靠性较差。创业者可根据需要灵活采用资料调查方法。

6.2.3 商业计划书的要素

如果不能给风险投资者充分的信息，其最终结果只能是被扔进垃圾箱里。为了确保商业计划书能起作用，创业者在撰写商业计划书时，应把握以下要素：

(1) 关注产品

在商业计划书中应提供所有与企业的产品或服务有关的细节，包括企业实施的所有调查。需回答的主要问题包括：产品正处于什么样的发展阶段？它的独特性怎样？企业分销产品的方法是什么？谁会使用企业的产品，为什么？产品的生产成本是多少、售价是多少？企业发展新的现代化产品的计划是什么？应该把风险投资商拉到企业的产品或服务中来，这样风险投资商就会和风险企业家一样对产品感兴趣。在商业计划书中，企业家应尽量用简单的词语来描述每件事。企业产品及其属性的定义对企业家来说是非常明确的，但其他人并不一定清楚它们的含义。制订商业计划书的目的不仅是要投资者相信企业的产品会在市场实现投资目标，同时也要使他们相信企业有实力来实现这个目标。商业计划书对产品的阐述，要让投资者感到投资这个项目是值得的。

(2) 敢于竞争

在商业计划书中，风险企业家应细致分析竞争对手的情况。需回答的主要问题包括：

竞争对手都是谁？他们的产品是如何实现其价值的？竞争对手的产品与本企业的产品相比有哪些相同点和不同点？竞争对手所采用的营销策略是什么？要明确每个竞争者的销售额、毛利润、收入以及市场份额，然后讨论本企业相对于每个竞争者所具有的竞争优势，要向投资者展示顾客偏爱本企业的原因是：本企业的产品差别化程度高、性价比优越、质量好、送货迅速、定位适中、价格合适等。商业计划书要使读者相信，本企业不仅是行业中的有力竞争者，将来还有可能成为行业的领先者。当然，在商业计划书中，企业家还应阐明竞争者给本企业带来的风险以及本企业所采取的对策。

(3) 了解市场

商业计划书要给投资者提供企业对目标市场的深入分析和理解。要细致分析经济、地理、职业以及心理等因素对消费者选择购买本企业产品这一行为的影响以及各个因素所起的作用。商业计划书中还应包括一个主要的营销计划，计划中应列出本企业打算开展广告、促销产品以及公共关系活动的地区，明确每一项活动的预算和收益。商业计划书中还应简述企业的销售战略，如企业是使用外聘的销售代表还是使用内部职员？企业是使用转卖商、分销商还是特许商？企业将提供何种类型的销售培训？此外，商业计划书还应特别关注销售中的细节问题。

(4) 表明行动方针

商业计划书应该明确表明企业的行动计划是无懈可击的。商业计划书中应该明确下列问题：企业如何把产品推向市场？如何设计生产线，如何组装产品？企业生产需要哪些原料？企业拥有哪些生产资源，还需要什么生产资源？生产和设备的成本是多少？企业是买设备还是租设备？解释与产品组装、储存以及发送有关的固定成本和变动成本的情况。

(5) 展示管理队伍

把一个思想转化为一个成功的风险企业，其关键的因素是要有一支强有力的管理队伍。这支队伍的成员必须有较高的专业技术知识、管理才能和丰富的工作经验。

管理者的职能就是计划、组织、控制和指导公司实现目标的行动。在商业计划书中，应首先描述整个管理队伍及其职责，然后再分别介绍每位管理人员的才能、特点和专长、描述每个管理者将对公司所做的贡献。商业计划书中还应明确管理目标以及组织机构。

(6) 出色的计划摘要

商业计划书中的计划摘要十分重要。它必须能让风险投资者有兴趣并渴望得到更多的信息，它将给读者留下长久的印象。计划摘要是风险企业家所写的最后一部分内容，却是出资者最先看到的内容，如果公司是一本书，它就像这本书的封面，做得好就可以把投资者吸引住。要像对待广告一样来写摘要，绝不可草草了事。

6.2.4 撰写商业计划书的注意事项

(1) 风险投资者关注的要点

一般来说，风险投资者关注的要点主要有6个方面：一是技术和产品。该公司所用技术的创造性与独特性、产品或服务是否可产生高利润以及可开发的潜能。二是市场。即市场的容量，产品间的相对竞争力和潜在成长力。三是该公司的管理团队是否能胜任。管理团队必须有丰富的经验，注重管理层的背景资料，明确管理目标以及组织机构图。四是公司财务增长预测。风险投资者对预测结果是不会轻易相信的，为明确企业家是否理解预测过程、方法及假定前提、风险投资者会提出多种质疑。商业计划书中的财务预测至少要包括投资费用、产品成本、销售收入、损益、现金流量和资产负债等。预测结果不必让人们大喜过望，但必须打动风险投资者的心。五是退出计划。在计划书中，必须明确指出他们的退出之路，如公司股票上市、股权转让、回购、利润分红等。六是出色的计划摘要、它必须能让读者有兴趣并渴望得到更多的信息。

（2）编写商业计划必须达到的要求

①表述清楚简洁。

②在写作商业计划书之前，进行充分的市场调研，力求用事实说话。

③解释潜在顾客为什么会为你的产品或服务付费。

④站在顾客的角度考虑问题，提出引导顾客进入营销体系的策略。

⑤形成一个相对比较成熟的投资退出策略。

⑥充分说明为什么你和你的团队最适合做这件事。

（3）编写商业计划必须避免的问题

①对产品（服务）的前景过分乐观，令人产生不信任感。

②数据没有说服力，如拿出一些与产业标准相去甚远的数据。

③忽视市场的导向作用。

④对竞争没有清醒的认识，忽视竞争威胁。

⑤选择进入的是一个拥挤的市场，企图后来者居上。

⑥商业计划显得非常不专业，如缺乏应有的数据、过分简单或冗长。

⑦商业计划的写作风格和分析深度不一致。一份商业计划通常由几个人一起完成，但最后的版本应由一个人统一审定，以避免写作风格和分析深度不一致。

⑧不是仔细寻求最有可能的内容，而是滥发材料。

6.3 商业计划书的评价

6.3.1 商业计划书的评价要素

商业计划书的好坏直接关系到创业项目的成败。因此，使用商业计划书的组织或个人拿到商业计划书后，首先要对商业计划书进行评价，以判定其优良程度。

商业计划书评价，一般有第一方、第二方以及第三方评价。第一方为创业者，主要判定制订的商业计划书是否具有吸引力或实施操作性；第二方为资源提供方，包括风险投资者、一般投资人以及管理者、员工等；第三方为独立于计划制订及使用方的咨询机构，受委托对商业计划书进行公正性评价。商业计划书评价要素通常包含如下内容：商业计划书报告的完整性；方案可行性；方案技术含量或创新性；经济效益；资金筹措方案合理性；

市场前景。

6.3.2 商业计划书评价标准

由于所选择的产品(服务)的不同、创业环境的优劣、创业人员能力的差异等,要对一个商业计划书的优劣进行评价是一件非常困难的事情。目前,投资人员和创业大赛的评审者多采用量化打分的方法来评定商业计划书之间的差异。参考以往比赛和专家的经验,可以按以下指标体系对商业计划书进行评价:

(1) 执行概要

简明扼要、具有鲜明的特色。重点包括对公司及产品(服务)的介绍、市场概况、营销策略、生产销售管理计划、财务预测,指出经营思路的形成过程和企业发展目标的展望,介绍创业团队的特殊性和优势等。

(2) 产品与服务

如何满足关键用户需要,进入和开发市场策略,专利权、著作权、政府批文、鉴定材料等。指出产品(服务)目前的技术水平是否处于领先地位,是否适应市场的需求,能否实现产业化。

(3) 市场

市场容量与趋势、市场竞争状况、市场变化趋势及潜力、细分目标市场及客户描述、估计市场份额和销售额。市场调查和分析应当严密科学。

(4) 竞争

包括公司的商业目的、市场定位、全盘策略及各阶段的目标等,同时要有对现有和潜在的竞争者的分析,替代品竞争、行业内原有竞争的分析。总结本公司的竞争优势并研究战胜对手的方案,对主要的竞争对手和市场驱动力进行适当分析。

(5) 营销

阐述如何保持并提高市场占有率,把握企业的总体进度,对收入、盈亏平衡点、现金流量、市场份额、产品开发、主要合作伙伴和融资等重要事件有所安排,构建一条畅通合理的营销渠道和与之相适应的促销方式。

(6) 经营

原材料的供应情况、工业设备的运行安排、人力资源安排等。这部分要以产品或服务实施要求为依据,以生产工艺为主线,力求描述准确、合理、可操作性强。

(7) 组织

介绍管理团队中各成员有关的教育和工作背景、经验、能力、专长。组建营销、财务、行政、生产、技术团队。明确各成员的管理分工和互补情况,公司组织结构情况、领导层成员、创业顾问及主要投资人的持股情况,要指出企业股份比例的划分。

(8) 财务

包含营业收入和费用、现金流量、盈亏能力和持久性、固定和变动成本、前两年财务月报、后 3 年财务年报。数据应基于经营状况和未来发展的正确估计，并能有效反映出公司的财务绩效。

条理清晰，表述应力求简洁、清晰、重点突出、条理分明，专业语言的运用要准确和适度，相关数据科学、诚信、翔实，计划书总体效果好。依据上述指标设立相应权重，见表 6-1。

表 6-1 商业计划书评价指标权重值 %

评价指标	创意可行性	商业计划	总计
执行摘要	2.0	2.0	4.0
产品（服务）	7.5	5.0	12.5
市场	1.0	5.0	6.0
竞争	5.0	2.5	7.5
营销	8.0	2.0	10.0
经营	2.5	2.5	5.0
组织	10.0	5.0	15.0
财务	8.0	5.0	13.0
总体评价	12.0	6.0	18.0
全面评价	65.0	35.0	100.0

◆ 实践活动

假设你要在学校设立一个快递收发点，请撰写一份商业计划书。

第7章 创业风险与融资

【案例】

由辉煌到衰落——ofo 企业战略的得与失

2015年,当时新型的共享单车 ofo 小黄车便随处可见,这种停放方便、即用即开、轻便自在、租借便宜的小单车迅速得到了年轻人的青睐,成为许多同学上课的代步工具,而其对在校师生免收押金的做法也一度使其使用率大于其他共享单车。ofo 小黄车是北京拜克洛克科技有限公司提供的服务,是共享单车行业的领袖和标杆,曾占有最大比例的市场份额。在共享单车发展得热火朝天之时,ofo 小黄车可谓抢尽了风头,即使是在其后迅速崛起并后来居上的优秀选手"摩拜",也没能夺走它在人们心中的地位。

2015年6月启动以来,ofo 小黄车已连接了1000万辆共享单车,累计向全球20个国家、超250座城市、超过2亿用户提供了超过40亿次的出行服务,和 ofo 小黄车合作的自行车供应商能占到共享单车全行业的70%,把共享行业抬到一个时下风口的行业高度和投资热点。然而,紧随其后的是持续攀升的破损率和占用率,不少小黄车因破损无法完成使命而成为"城市垃圾"。2018年9月,因拖欠货款,ofo 小黄车被凤凰自行车起诉;同月,有网友反映称,在使用 ofo 小黄车 App 时,充值押金或者退押金的时候被诱导消费。10月27日,又有媒体披露 ofo 小黄车退押金周期再度延长,由原来1~10个工作日延长至1~15个工作日。2018年10~11月,ofo 被北京市第一中级人民法院、北京市海淀区人民法院等多个法院在多个案件中列入被执行人名单,涉及执行超标的5360万元。创始人戴威还被列入"老赖"名单。从令所有互联网从业者钦佩,到被千万用户追着退押金,ofo 小黄车究竟为什么会出现这样的情况?

思考与启示:

1. ofo 小黄车领导者挪用押金等行为造成了什么影响?
2. ofo 小黄车的团队在融资决策上有哪些失误?造成了什么影响?
3. ofo 小黄车的教训能给共享经济带来哪些经验教训?

7.1 创业风险控制

7.1.1 创业风险概述

创业者应正确认识风险。1755 年，法国经济学家理查德·坎蒂隆将创业者/企业家一词作为术语引入经济学，并说明创业者需具备的主要素质就是承担风险。创业者必须从全局监控的角度出发采取各种方法认识风险的存在，尽力避免和减少风险带来的损失。与此同时，创业者应该清醒地认识到没有风险就不会有超额利润或收益，因此，有得必有失，分辨风险、识别风险，将风险控制在可接受范围内。

7.1.1.1 创业风险的概念

创业风险是指创业投资行为给创业者带来某种经济损失的可能性，风险是一种概率，在未演化成威胁之前，并不对创业活动造成直接的负面影响，风险是一种未来的影响趋势。风险与收益一般成正比关系，即风险越大，获利可能性越大。任何企业都会面临风险，但风险是可以被感知和认识的客观存在，无论从微观还是宏观角度，都可以进行判断和估计，可以对创业风险进行有效的管理。

7.1.1.2 创业风险的来源

环境的不确定性，创业机会与创业企业的复杂性，创业者、创业团队与创业投资者的能力与实力的有限性，是创业风险的根本来源。研究表明，由于创业的过程往往是将某一构想或技术转化为具体的产品或服务的过程，在这一过程中，存在着几个基本的、相互联系的缺口，它们是上述不确定性、复杂性和有限性的主要来源，也就是说，创业风险在给定的宏观条件下，往往直接来源于这些缺口。

(1) 融资缺口

融资缺口存在于学术支持和商业支持之间，是研究基金和投资基金之间存在的断层。其中，研究基金通常来自个人、政府机构或公司研究机构，它既支持概念的创建，也支持概念可行性的最初证实；投资基金则将概念转化为拥有市场的产品原型（这种产品原型有令人满意的性能，对生产成本有足够的了解并且能够识别是否有足够大的市场）。创业者可以证明其构想的可行性，但往往没有足够的资金实现商品化，从而给创业带来一定的风险。通常，只有极少数基金愿意鼓励创业者跨越这个缺口，如个人资金进行早期项目的风险投资，政府对创业项目的资助计划等。

(2) 研究缺口

研究缺口主要存在于仅凭个人兴趣所做的研究判断和基于市场潜力的商业判断之间。当一个创业者最初证明一个技术突破可能成为商业产品基础时，他仅仅停留在自己满意的论证程度上。但是，只有这种程度的论证是不够的，要将预想的产品真正转化为商业化产品（大量生产的产品）的过程中，即具备有效性能、低廉成本和高质量的产品，在市场竞争中生存下来的过程中，需要大量复杂而且可能耗资巨大的研究工作，从而形成创业风险。

(3) 信任缺口

信任缺口存在于技术专家和管理者（投资者）之间。也就是说，在创业中，存在两种不同类型的人：一是技术专家；二是管理者（投资者）。这两种人接受不同的教育，对创业有不同的预期、信息来源和表达方式。技术专家知道哪些内容在科学上是有趣的，哪些内容在技术上是可行的，哪些内容根本就是无法实现的。在失败案例中，技术专家要承担的风险一般表现在学术上、声誉上受到影响，没有金钱上的回报。管理者（投资者）通常比较了解将新产品引进市场的程序，但当涉及具体项目的技术部分时，他们必须相信技术专家，可以说管理者（投资者）是在拿别人的钱冒险。如果技术专家和管理者（投资者）不能充分信任对方，或者不能够进行有效的交流，那么这一缺口将会变得更大，带来更大的风险。

(4) 资源缺口

资源与创业者之间的关系就如颜料和画笔与画家之间的关系，没有颜料和画笔，画家即使有构思也无从实现。创业也是如此，没有所需的资源，创业就无从谈起。在大多数情况下，创业者不可能拥有所需的全部资源，这就形成了资源缺口。如果创业者没有能力弥补相应的资源缺口，要么创业无法起步，要么在创业中受制于人。

(5) 管理缺口

管理缺口是指创业者并不一定是出色的企业家，也不一定具备出色的管理才能。创业活动中的管理缺口主要有两种：一是创业者利用某种新技术进行创业，他可能是技术方面的专业人才，却不一定具备专业的管理才能，从而形成管理缺口；二是创业者往往有某种"奇思妙想"，可能是新的商业点子，但在战略规划上不具备出色的才能，或不擅长管理具体的事务，从而形成管理缺口。

7.1.1.3 创业风险的特征

(1) 客观必然性

风险是一种客观存在，与各种自然灾害和意外事故相比，创业风险具有较强的规律性，这种规律性为我们认识风险、估计风险、管理风险和有效降低风险提供了可能，正是风险的客观性决定了我们必须认识、研究风险。

(2) 不确定性

风险的发生是必然的，但风险是否发生，怎么发生却是不确定的。表现在3个方面：一是空间上的不确定性；二是时间上的不确定性；三是损失程度的不确定性。

(3) 可度量性

可度量性是指通过对相关数据的收集和分析对风险进行量化评估，为决策提供科学依据。例如，创业者可以通过市场调研和数据分析来评估市场风险的大小和概率，从而制定更加精准的市场营销策略。

(4) 双面性

风险具有两面性，既有损失的一面，又有有价值的一面。创业者既要看到风险的危害性，提高风险的控制能力，实现风险的消除、转化或降低，又要加强对风险规律的探索和研究，准确把握时机，进行科学决策，获取风险收益，促进企业快速发展。

（5）转移性

随着诱发风险的客观条件的变化，创业者采取应对风险的措施，风险的形态、后果、性质在一定条件下转化。基本表现为：风险性质的转移，风险会随着风险管理措施的实施，由一类风险转为另一类风险；风险承担者的转移，通过一定的风险管理机制，可以把风险从一部分人转移到另一部分人身上；风险形态的转移，随着科学技术的进步发展，消除风险与制造风险几乎是同步的，高科技在消除旧的风险的同时，又带来了新的风险。

7.1.1.4 创业风险的种类

（1）按风险来源的主客观性划分

按风险来源的主客观性将创业风险分为主观创业风险和客观创业风险。主观创业风险又称非系统性风险，是指在创业阶段，由于创业者的身体与心理素质等主观方面的因素导致创业失败的可能性，主要包括技术、财务、管理风险等。客观创业风险，是指在创业阶段，由于客观因素导致创业失败的可能性，如市场的变动、政策的变化、竞争对手的出现、创业资金缺乏等。

（2）按创业风险的内容划分

按创业风险的内容将创业风险分为技术风险、市场风险、政治风险、管理风险、生产风险和经济风险。技术风险是指由于技术方面的因素变化的不确定性而导致创业失败的可能性。市场风险是指由于市场情况的不确定性导致创业者或创业企业损失的可能性。政治风险是指由于战争、国际关系变化或有关国家政权更迭、政策改变而导致创业者或企业蒙受损失的可能性。管理风险是指因创业企业管理不善产生的风险。生产风险是指创业企业提供的产品或服务从小批试制到大批生产的风险。经济风险是指由于宏观经济环境发生大幅度波动或调整而使创业者或创业投资者蒙受损失的风险。

（3）按所投入资金即创业投资产生的风险划分

按所投资金风险将创业风险分为安全性风险、收益性风险和流动性风险。安全性风险是指从创业投资的安全性角度来看，不仅预期实际收益有损失的可能，而且专业投资者与创业者自身投入的其他财产也可能蒙受损失，即投资方财产的安全存在危险。收益性风险是指创业投资的投资方的资本和其他投入不会蒙受损失，但预期实际收益有损失的可能性。流动性风险是指投资方的资本、其他投入以及预期实际收益不会蒙受损失，但资金有可能不能按期转移或支付，造成资金运营的停滞，使投资方蒙受损失的可能性。

7.1.2 风险识别

风险识别是风险管理的第一步，也是风险管理的基础。只有正确识别自身所面临的风险，人们才能够主动选择适当有效的方法进行处理。

7.1.2.1 风险识别的意义

（1）减轻创业的财务负担

创业资金是困扰创业者的主要问题之一，由于大学生创业没有积累，资金实力比较薄弱，收入有限，现金流量不足。创业者们往往需要通过多种渠道争取对企业的投入，所以减少风险带来的财务损失就显得格外重要。

（2）有利于创业管理向规范化方向发展

在创业阶段，管理的责任落在创业者身上，由于创业经验与能力方面的限制，对各类风险的识别和管理往往是不到位的，建立一个合理的风险管理体系，使各类风险都有人负责，可使创业者对创业风险管理逐渐形成相应的职能管理体系，加快内部管理的正规化。

（3）有利于创业者综合素质的提高

创业是一个从无到有的过程，各种因素都处于一种不确定的状态，这些不确定性也包括潜在的损失。系统识别和统筹管理这些风险是创业者能力的重要标志之一。

7.1.2.2 风险识别过程

风险识别过程中包含感知风险和分析风险两个环节。感知风险即了解客观存在的各种风险，是风险识别的基础，只有通过感知风险，才能进一步进行分析，为拟定风险处理方案、进行风险管理决策服务。分析风险即分析引起风险的各种原因，是风险识别的关键。它是运用感知、判断或归类的方式对现实的和潜在的风险性质进行鉴别的过程。

7.1.2.3 风险识别的一般方法

创业风险不是一个一维的概念，没有哪一种方法能够识别所有的风险。创业者应充分考虑风险的两个方面：一方面，创业者必须从全局监控的角度采取各种办法认识风险的存在，尽力避免遭受风险带来的损失；另一方面，创业者要清醒地认识到，风险与收益从来是相互的，因为风险发生一定的损失不可避免，关键是要密切关注这些风险并将损失控制在确定的可接受范围内。在迅速变化的环境下，创业主体要生存，必须在回避风险、寻找商机之余，有效确保经营利益。因此，创业风险识别的目标就是正确发现及识别创业风险，从而为有效地控制风险奠定基础。

（1）环境分析法

创业环境的构成极其复杂。自然、经济、政治、社会、技术等环境因素构成宏观环境，而微观环境主要包括投资者、消费者、供应商、政府部门和竞争者等。在不同的环境下创业者对创业风险识别的方法，是指通过对环境的分析，明确机会与威胁，发现企业的优势和劣势，找出这些环境可能引发的风险和损失。

运用环境分析法，重点是分析环境的不确定性及变动趋势。例如，市场是否有新的竞争对手介入，竞争对手变动趋势是什么，市场需求对产品销售将产生什么影响等。这些不确定因素往往使经营难以预料。同时，要分析环境中的变动因素及其相互作用对企业产生各种制约和影响。此外，应从整体角度分析外部环境与内部环境的相互作用和影响程度。

（2）财务报表分析法

财务报表分析法是以企业的资产负债表、利润表以及其他财务状况等资料为依据对企业的固定资产、流动资产等情况进行风险分析，以便从财务的角度发现企业面临的潜在风险。由于报表集中反映了企业财务状况和经营成果，因此，通过报表分析，可以为发现风险因素提供线索。这种方法是财务风险识别的有效手段。

（3）专家调查法

专家调查法是一种重要且广为应用的风险识别方法，它通过引用专家的经验、知识和能力并发挥专家的特长，对风险的可能性及其后果做出估计。一般来说，运用专家调查法的基本步骤是：

①选择主要的风险项目，选聘相关领域的专家。
②专家对各类可能出现的风险进行评估。
③回收专家意见并整理分析，再将结果反馈给专家。
④把专家的第二轮结果进行汇总，直到对风险的分析满意为止。

7.1.3 风险评估

风险评估是企业依据创业活动的迹象，在各类风险事件发生之前运用各种方法对风险进行辨认和鉴别，是系统地、连续地发现风险的过程。

7.1.3.1 创业风险评估的维度

（1）风险发生的可能性分析

可能性分析是指假定创业者不采取任何措施去影响企业经营管理过程发生风险的概率。估计风险发生概率的影响因素为：相关资产的变现能力；企业经营管理中人员参与的程度；企业经营管理中是否涉及大量繁杂的人工计算等。

（2）风险产生的影响程度分析

影响程度分析主要是指某个风险事件发生后对项目目标产生的直接或间接的影响。风险事件的影响程度可以通过评估其对项目进度、成本、质量、资源等方面的影响来确定。在风险评估中，可以采用定量或定性方法对风险事件的影响程度进行评估，如使用数值指标或描述性词语来表示。

7.1.3.2 风险评估的基础

风险评估的基础是充分有效的数据资料，要做到以下几点：

①数据完整　要求相关数据（信息）完整、准确、避免遗漏，以便发现风险产生的确切原因。
②数据一致　要求统计口径一致、统计方法一致，以便进行比较分析。
③数据与主题相关　要求数据与风险事件相关联，摒弃无关数据，突出数据有效性。
④数据有主次　要求对数据按需要或经验进行排列组合，按损失大小列出数据，以便发现风险源。

7.1.3.3 风险评估主要方法

风险评估是在识别风险的基础上，结合定性和定量分析，主要利用统计分析方法对风险进行测量。它是风险管理中最关键的环节。常见的风险评估方法有以下几种：

（1）德尔菲法

德尔菲法又称专家调查法，即通过建立风险评级表和风险指数，组织专家对各风险项目进行评估而判定风险程度的风险评估方法。

（2）概率估计法

通过研究各种不确定性因素发生不同变动幅度的概率分布及其对项目经济效益指标的

影响，对项目可行性和风险性以及方案优劣作出判断的一种不确定性分析法。

（3）层次分析法

层次分析法指将一个复杂的多目标决策问题作为一个系统，将目标分解为多个目标，进而分解为多指标（或准则、约束）的若干层次，通过定性指标模糊量化方法算出层次单排序（权数）和总排序，以作为目标（多指标）、多方案优化决策的系统方法。

（4）模糊综合评价法

一种基于模糊数学的综合评价方法。该综合评价法根据模糊数学的隶属度理论把定性评价转化为定量评价，即用模糊数学对事物或对象做出一个总体的评价。它具有结果清晰、系统性强的特点，能较好地解决模糊的、难以量化的问题，适合各种非确定性问题的解决。

7.1.3.4 创业者风险承担能力的评估

创业者在进行风险识别的过程中，要确定其能够接受风险的程度，对其进行评估，以采取合理的风险管理方法，减少创业过程中的风险。

创业者风险承担能力是指创业者所能承受的最大风险，包含两层含义：一是创业者能够承担的风险大小；二是一旦创业风险变成实际的亏损，是否会极大影响创业者的创业信心和生活水平。

创业者风险承担能力与创业者的个人能力、家庭情况、工作情况、收入情况息息相关。对风险承担能力的评估可以从以下4个方面进行：

（1）计算特定时间内所要承担的风险

从商业构思到企业建立，不同阶段的创业风险大小会有所不同。一般来说，随着时间的推移和创业活动的深入，创业者面临的风险会逐渐加大。创业者要能够根据风险的来源及其对创业活动的影响程度，采用层次分析等方法算出不同阶段所要经受的风险。

（2）计算可用于承担风险的资金

一般来说创业者的年龄和家庭状况会影响创业者承担资金风险的能力。刚毕业的大学生因为很少有创业资金的积累，用于承担风险的资金较少；家庭经济困难的创业者会更多顾虑到家庭基本生活对资金的需求，用于承担风险的资金也比较少。正常情况下，用于承担风险的资金数量和创业者的风险承担能力呈正相关。

（3）从其他渠道取得收入的能力

从其他渠道取得收入的能力越强，创业失败对创业者的信心和生活影响就越小，创业者能够用来偿还创业失败导致的债务的能力越强，其风险承担能力也越强。因此，从其他渠道取得收入的能力与风险承担能力呈正相关。

（4）危机管理能力

创业者的危机管理能力会影响到创业风险发生时采取风险抑制措施的效果，从而影响到损失的大小。风险因素导致风险事件发生进而形成风险损失时，创业者能及时采取有效的风险防范措施降低损失，避免损失的进一步扩大，减少损失所能产生的危害。创业者的危机管理经验越丰富，其风险承担能力就越强，二者呈正相关。

7.1.4 创业风险的规避与控制

7.1.4.1 风险规避

风险规避是指根据影响预定目标达成的诸多因素，结合决策者自身的风险偏好和风险承受能力，从而做出中止、放弃某种决策方案或调整、改变某种决策方案的风险处理方式。

（1）剥离

通过退出某市场或地域，或出售、清算、分离某产品类别、业务等措施剥离资产。

（2）禁止

企业通过适当的企业政策、风险限额架构及标准禁止企业从事风险性大的或会产生财务损失和资产缺口的活动和交易。

（3）终止

指企业通过重新确立目标，调整战略和政策或者改变资源配置方向，终止某些已进行的活动和交易。

（4）锁定

企业提高业务发展和市场扩张的针对性，避免偏离企业发展战略。

（5）筛选

通过对企业的资本项目和投资活动进行筛选，回避低收益、偏离企业战略重点或高风险的行动计划。

（6）消除

通过规划和实施内部预防流程，从源头上消除风险，使风险事件的发生概率为零。

7.1.4.2 风险防范

风险防范指在风险发生之前调整或重组企业经营过程中的某些方面，通过一定的手段预防和分散风险，降低风险发生的概率和带来的损失。

（1）机会选择风险的防范

创业者在创业准备之初就应该对创业的风险和收益进行全面权衡，将创业目标和目前的职业收益进行比较，结合当下的创业环境、自己的职业生涯规划进行权衡分析。

（2）人力资源风险的防范

创业者应不断提高个人素质，使自己的知识和能力与创业活动相匹配。通过沟通、协调、激励、奖惩、评价、目标设定等多种手段管理团队，并在创业团队发展的不同阶段确定相应的管理内容，科学合理地对成员进行绩效评价。招聘那些具有良好职业道德和团队合作意识、拥有与岗位相匹配技能的员工，在合同中明确权利义务关系和适当授权。

（3）技术风险的防范

加强对技术创新方案的可行性论证，减小技术开发与技术选择的盲目性，并通过建立灵敏的技术信息预警系统，及时预防技术风险。可通过组建技术联合开发体或建立创新联盟等方式来分散技术创新的风险。提高企业技术系统的活力，降低技术风险发生的可能性。高度重视专利申请、技术标准申请等保护性措施的采用，通过法律手段减小损失出现的可能性。

(4) 管理风险的防范

提高核心创业成员的素质，树立其诚信意识和市场经济观念，并以此为基础做好领导层的自身建设，建立能够适应企业不同发展阶段变革的组织机构。实行民主决策与集权管理的统一，将企业的执行权合理分配，避免不规范的管理模式影响创业企业发展。明确决策目标、完善决策机制、减少决策失误。

(5) 财力风险的防范

要对创业所需资金进行合理估计，避免筹资不足影响企业健康成长和后续发展。建立和经营创业者自身和创业企业的信用，提高获得资金的概率。要在企业的长远发展和目前利益之间进行权衡，设置合理的财务结构，从恰当的渠道获得资金。管好企业的现金流，避免现金断流带来财务困难甚至破产清算的局面。

7.1.4.3 损失抑制

损失抑制是指采取措施使风险发生后能缩小损失发生的范围或降低损失严重的程度。在实际创业活动中，完全避免和预防损失是不可能的，企业必须考虑风险发生所能采取的抑制损失措施，重点是降低损失程度。通常适用于外部事件，因为企业往往难以防范外部风险的发生。

(1) 应急计划

针对可能造成企业经营中断的小概率事件，事先进行必要的安排（相当于第二方案），确保企业在风险发生后、恢复正常运作前保持生产的连续性，从而降低中断经营、客户关系、商誉等方面的损失。

(2) 危机管理

危机管理是危机管理者通过危机信息分析，执行危机应对计划、组织、控制等最大限度地降低企业和各个利益相关者可能遭受的各种损害，最终保障企业整体安全、健康和持久运行。

(3) 风险隔离

风险隔离是将风险单位分割成许多独立的、较小的单位，通过控制每一单位的最大损失来实现减少损失的目的。隔离法不但可以减小直接损失，而且风险单位的增加可以提高企业对未来损失预测的准确程度，使得实际损失程度和估测程度大致相当，从而达到控制的目的。

(4) 风险组合

风险组合是通过兼并、扩张、联营，集合多个原来各自独立的风险单位于同一企业之下，增加同类风险单位的数目来提高未来损失的可预测性，以达到降低风险的目的，属于一种简洁的损失控制措施。

7.1.4.4 基于风险评估的创业收益预测

根据风险收益均衡原则，创业者所面临的风险越大，其获得的收益就越高。当创业者按照前文对系统风险和非系统风险的规避和防范有所安排，对自身风险承担能力有所了解后，还应该合理地对创业的收益进行预测，以便与承担的风险相匹配，进行创业的风险收益决策。

(1) 预测不同情况下的收入、成本状况

创业者根据各种风险发生的概率情况对预期可能形成的收入和成本状况进行估计，进而分析出对收益的影响，估计不同情况下的收益状况，确定收益变化的范围和概率。如可以根据对未来宏观经济的预期如经济繁荣、经济一般和经济衰退3种情况来预测其对创业过程产品和服务的销售数量、单价、单位成本等的影响，进而预测可能的销售收入及总成本的情况。

(2) 计算风险收益的预期值

创业者需要按照各种收益发生的概率及对应的收益情况，计算收益的预期值。

$$预期收益 = 预期收入 - 预期成本$$
$$预期成本 = 预期的变化成本 + 预期的固定成本$$

(3) 计算影响收益变化的各种因素的临界值

影响收益变化的各因素的临界值是假定其他因素不变，预测收益等于0，计算各个因素的极大值和极小值。如可以计算预期收益为0时的最低单价，最小的销售量，或者最大的单位变动成本、最大的固定成本总额。一般来说，和收益同向变化的销售量、单价等因素要计算其最小值，成本因素则计算其极大值。

(4) 分析最大风险的收益和创业者承担风险能力的匹配性

通过对影响收益的各种因素临界值的计算，创业者可以对各种不利因素变化的极端情况有较为充分的了解，对其可能面临的最大风险进行合理估计，与自己可以接受的最大风险程度以及风险承担能力相权衡，进行科学决策。

7.2 创业融资渠道

7.2.1 创业融资内涵

融资是指为支付超过现金的购货款而采取的货币交易手段，或为取得资产而集资所采取的货币手段。从狭义上讲，融资是一个企业的资金筹集的行为与过程，即公司根据自身的生产经营状况、资金拥有的状况以及公司未来经营发展的需要，通过科学的预测和决策，从一定的渠道向公司的投资者和债权人筹集资金，以保证公司正常生产、经营管理活动需要的财务行为。从广义上讲，融资也称金融，即货币资金的融通，当事人通过各种方式到金融市场上筹措或贷放资金的行为。

7.2.1.1 融资的重要性

资金是企业经济活动的第一推动力。企业能否获得稳定的资金来源、及时足额筹集到生产要素组合所需要的资金，对经营和发展是至关重要的。

创业者进行融资一方面是为了获得资金上的支持与帮助；另一方面融资可以分担风

险。但融资的意义并不止于此。

(1) 帮助创业者获得指导

投资方，尤其是天使投资人，常常是行业中的佼佼者或已经成功的创业者。他们具备挑选项目的眼光，也有培育项目的能力。他们提供的关于产品、技术方面的专业意见和关于公司管理、商业模式、战略方向的经验及思考对创业公司是无价之宝，远重于金钱。

(2) 帮助获取资源

仍然以天使投资人为例，其具有资金以外的资源，包括但不限于政府、媒体、人才、市场渠道及下一轮融资的渠道等。为了扶持早期项目，天使投资人往往愿意向创业者提供这些资源，事实上很多创业者在选择投资方的时候是希望获得这些资源的。

(3) 获取背书

投资人即使不向创业者提供指导和资源但其仍有价值，那就是背书。一个知名的投资人投了你的项目，就说明你的项目获得了一定的认可。只要投资人愿意透露这次融资的消息，你就获得了一个闪亮的宣传点。即便投资人不愿公开披露信息，在小范围的交谈中你仍然可以以投资方为强有力的保障。

(4) 加快企业的发展速度

虽然自有资金足够支持项目稳健发展，但更多的资金有可能推动项目快速发展到一个新的阶段。甚至还有可能，项目遭受对手资金攻击，创业者没有足够的资金应对导致创业失败。

7.2.1.2 融资困境及成因

创业融资困境是指创业者在创业过程中，筹集资金时所面临的困难境地。绝大多数创业企业在创业过程中都会面临融资困境，这是由多方面原因造成的，既与创业企业所面临的外围环境（经济环境、金融环境、政治环境等）有关，也与创业企业自身有关。从创业企业自身角度来看，造成融资困难的主要原因一般有以下几种：

(1) 创业企业规模较小，抵抗风险能力较弱

创业企业处于企业初创时期，在产品市场、销售收入、资金、资产等方面规模都比较小，难以抵抗较大的风险冲击。例如，创业企业一旦遇到市场低迷、资金周转下降、关键人员离职、关键技术泄露等不利事件，创业企业的生产经营就有可能出现困难甚至破产。资金提供者为创业企业提供资金需要比为其他企业提供资金承担更大的风险。因此，资金提供者出于安全考虑，往往不愿向创业企业提供资金，造成创业企业融资困难。

(2) 资金规模有限，难以提供有效的抵押资产

创业企业不仅资金总体规模有限，而且其中可以用于抵押的金融资产、土地所有权、不动产等资产更为有限，这进一步加大了资金提供者的风险。谨慎考虑，资金提供者更加不愿意提供资金，由此进一步加大了创业企业的融资困难。

(3) 财会资料不完善，信用文化不健全

通常资金提供者无论是在提供资金之前，还是在提供资金之后，都要求企业提供真实、全面、连续的财务报表，对企业的营运能力、偿债能力、盈利及成长能力进行全面的

分析和判断。但是创业企业由于企业规模较小、财务制度不规范、管理人员不重视等诸多原因，导致创业企业很难提供符合上述要求的财务信息资料。此外，创业企业由于成长历史有限，还没有经历足够多的风险考验，难以形成健全的企业信用文化，很难在市场中确立良好的信用形象，由此造成资金提供者对创业企业信用的不了解，使创业企业融资更加困难。

(4) 融资规模较小，融资成本高

与大企业相比，创业企业的融资规模通常要小很多，因此，难以享受规模投资的经济效应，单位融资成本较高。据调查，以银行贷款为例，对中小企业借款的管理成本平均为大企业的5倍左右。

由于上述多种原因，再加上融资体系不健全、融资政策不完善等诸多外围环境原因，目前大多数创业企业面临融资成本很高、风险很大等融资困境。

7.2.1.3 融资的种类

(1) 根据资金的来源分为内源融资和外源融资

①内源融资　指企业依靠其内部积累进行的融资，具体包括3种方式：资金、折旧基金转化为重置投资、留存收益转化为新增投资。

②外源融资　指企业通过一定方式从外部融入资金。一般来说外源融资是通过金融媒介中介形成，以直接融资和间接融资形式实现。

(2) 根据融资过程中是否存在中介分为直接融资和间接融资

①直接融资　是企业作为资金需求者向资金供应者通过一定的金融工具（股票或债券）直接形成债权股权关系融通资金的方式。直接融资可以是股权融资也可以是债权融资。另外，政府拨款、占用其他企业资金、民间借贷、内部集资等都属于直接融资范畴，它能最大限度地吸收社会投资，直接投资于企业生产经营之中，从而弥补了间接融资的不足。直接融资的工具主要有商业票据和直接借贷凭证、股票、债券。其特点有直接性、长期性、不可逆性、流通性。

②间接融资　是企业通过金融中介机构间接向资金供应者融通资金的方式，是由信用媒介来实现资金在盈余部门和短缺部门之间的流动。间接融资中商业银行贷款，即储户的剩余资金通过银行贷给企业，银行扮演了典型的中介金融机构的角色。具体的交易媒介包括货币、银行券、存款、银行汇票等非货币间接证券。另外，融资租赁、票据贴现等其他方式也属于间接融资。间接融资的特点有间接性、短期性、可逆性、非流通性。

(3) 根据融资过程中的产权关系分为股权融资和债务融资

①股权融资　是企业在证券交易所公开发行股票或在企业内部向其股东筹措资金的一种方式。股权融资获取的资金形成公司的股本，股本代表着公司的所有权，因而股权融资也称所有权融资。股权融资是企业创办及增资扩股时所采取的融资方式，目的是筹措股本以扩充企业资金实力。严格意义上说内源融资也属于股权融资的范畴。

②债务融资　是企业向其债权人筹措资金的一种方式。债务融资取得的资金形成企业的债务，代表其对企业的债权。企业不仅要对债权人支付利息，还要在债务到期时偿还本

金。债务融资包括：企业发行债券、向银行借款、商业信用以及其他应缴、应付的款项等。

(4) 按融资期限的不同分为长期融资和短期融资

①长期融资　指融入资金的使用和归还在1年以上，主要满足企业购建固定资产、开展长期投资等活动对资金的需求。长期融资方式主要有：发行股票、发行债券、银行长期贷款、融资租赁等。

②短期融资　指融入资金的使用和归还在1年以内，主要用于满足企业流动资金的需求。短期融资方式主要有：商业信用、银行短期贷款、票据贴现、应收账款融资、经营租赁等。

7.2.2　创业融资规划

7.2.2.1　创业融资的原则

筹集创业资金时，创业者应在自己能承受的风险的基础上，遵循既定的原则，尽可能以较低的成本获得足额创业资金。一般来说，创业融资应遵循以下原则：

(1) 合法性原则

企业融资作为一种经济活动，影响社会资本及资源的流向和流量，涉及相关经济主体的经济权益，创业者必须遵守国家的有关法律法规，依法依约履行责任，维护相关融资主体的权益，避免非法融资行为的发生。

(2) 合理性原则

创业者应该合理确定资本结构，主要包括合理确定股权资本和债权资本的结构、合理确定长期资本与短期资本的结构。

(3) 及时性原则

创业融资必须根据企业资本投放时间安排予以谋划，使融资与投资在时间上相协调，避免因资金筹集不足而影响生产经营的正常进行，防止资金筹集过多，资金闲置而造成资金使用成本上升。

(4) 效益性原则

在融资中，需要在充分考虑投资效益的前提下，综合研究各种筹资方式，寻求最优的融资组合以降低资金成本。

7.2.2.2　创业融资的方式

对创业者来说，选择一个合适的融资方式尤为重要。一般而言，融资方式按资本属性的不同分为债务融资和股权融资，按资金来源的不同分为内部融资和外部融资。

(1) 债务融资与股权融资

①债务融资　指利用涉及利息偿付的金融工具来筹措资金的融资方法，通常也是贷款，其偿付性只是间接地与企业的销售收入和利润相联系。典型的债务融资一般都需要某种资产作抵押，也就是抵押贷款，一般到期是要还本金加利息的。

②股权融资　指向外发行股权，投资方承担公司风险，但享有公司股份。公司盈利时，这些股权会升值；反之，股权贬值。与债权融资相比，它无须资产抵押，股权融资筹

措资金具有永久性、无到期与归还性以及无固定利息负担等特点，是企业筹措资金、保障经营的重要手段。

(2) 内部融资和外部融资

①内部融资　指在企业内部通过留用利润而形成的资本来源。

②外部融资　指企业在内部融资不能满足需要时，向企业外部筹措而形成的资本来源，有亲友资金、银行借贷、政府资助、私募以及上市等。对外部融资渠道的评估可以从资金可用的时间长短、资金成本以及公司控制权的丧失程度3个要素展开。

7.2.2.3　创业融资的过程

(1) 融资准备

创业融资应做好相应的准备工作。最重要的是建立良好的个人信用。市场经济是一种信用经济。信用对国家、企业、个人都是一种珍贵的资源。创业者具有创业精神和创新意识，在思维方法和行为方式上和一般人相比会有不同之处，但信用是一种市场规则，若有谁违背了，该信息就会在群体中通过口碑相传。创业者最初的融资往往来自亲朋好友，如果口碑太差、信用度太低，融资难度会加大。个人信用不是在创业融资时速成的，需要创业者注重自己的道德修养，培养良好的信用意识。良好的人际关系对于获取创业资源至关重要。

(2) 融资估算

每个创业者在融资前都要明确资金需求量，资金需求量的估算是融资的基础。对于创业者来说，要清楚创业所需资金的用途。任何企业的经营都需要一定的资产，资产以各种形式存在，包括现金、材料、产品、设备等。创业所筹集的资金就是用来购买企业经营需要的资产，同时还要有足够的资金来支付企业的运营开支，如员工工资水电费等。从资本的形式看，可以分为固定资本和运营资本。固定资本包括用于购买设备、建造厂房等固定资产的资本，这些资本被长期占用，必须考虑它的长期性。运营资本包括购买材料、支付工资等日常开销，这些资本短期内可以回收，可以考虑短期资金来解决。初创企业还需要立足市场调查，对营业收入、成本和利润进行估算。融资需求量的估算不是简单的财务测算过程，而是将现实与未来综合考虑的决策过程，需要在财务数据的基础上，全面考察企业经营环境、市场状况、企业战略等内外部资源条件。

(3) 寻找资金来源

估算融资需求量后要确定资金来源，也就是融资的渠道和对象。此时，创业者需要对自己的人脉关系进行一次详尽的排查，初步确定可以成为资金来源的各种资源。同时需要收集各方面的信息，获取包括银行、政府、担保机构、风险投资机构等能提供资金支持的机构的信息；了解政府新出台的资金支持政策、各种创业空间、创业孵化园等信息，从多方面入手寻找和筛选融资来源和对象。

(4) 编写创业计划书、创业项目展示

编写创业计划书是一种很好地对未来企业进行规划的方式，在创业计划书中创业者需要预估未来可能的销售状况，为实现销售需要配备的资源，并计算出所需要的资金数量。

选择一般性融资渠道进行融资，如自有资金、亲友融资、银行贷款、政府基金等，创业者只需要进行申请并按照机构要求提供和填写相应资料即可。但是天使投资和创业投资与上述融资方式不同，除了要提交完整的创业计划书外，还需要创业者与投资者有深入接触。创业者通过对项目的充分展示，使投资者充分认识创业项目的市场潜力和可营利性，获得投资者的认可，才有可能获得投资。

因此对创业者来说，认真准备一份完整的创业计划书和融资PPT是非常重要的。这不仅能帮助创业者争取投资，还可以明确自己的战略和发展计划，也让创业团队得到一次集体亮相的机会，为培训新员工提供素材，并为未来融资打下基础。

(5) 融资决策

融资决策是为筹集经营所需资金制定出最佳融资方案。融资决策是每个企业都会面临的问题，也是企业生存和发展的关键问题之一。融资决策需要考虑众多因素，如融资渠道的选择、融资方式的确定、股权和债权出让比例等，这些因素都直接影响着企业的后续经营和长远发展。因此，企业融资方案的确定对企业的生存和发展至关重要。

7.2.3 融资渠道选择

融资渠道是指协助企业获取资金来源的方向与通道。了解融资渠道的种类、特点和适用性，有利于创业者充分开拓融资渠道，从而实现各种融资渠道的合理组合，筹集所需资金。创业融资渠道按照融资对象，可以分为私人资本融资、机构资金融资和政府背景融资等。

7.2.3.1 私人资本融资

由于企业创建初期风险较高、不确定性较大，很难获得金融机构的青睐，在创业初期私人资本是主要融资渠道。它主要包括创业者自有资金投入、向亲朋好友融资、天使投资。

(1) 自有资金投入

从资金成本的角度来说，个人资金成本最为低廉。创业者在引入外部资金时，外部投资者一般会要求企业必须有创业者的个人资金投入其中。创业者自有资金是创业融资最根本的渠道，大部分创业者都向自己新办的企业投入个人积蓄。

创业者个人资金的投入对于初创企业来说具有非常重要的意义。创业者个人资金的投入，表明了创业者对项目前景充满信心，愿意以自己的金钱和时间来承担创业的风险。创业者向企业投入自有资金，是创业者长期对企业尽心尽力付出时间和精力的有效保障。创业自有资金的投入是对债权人利益的保障，由于在企业破产清算时，债权人的权益优于投资者的权益，所以，企业能够筹集到的债务资金一般以投资者的投入为限。

创业者前期向初创企业投入的资金越多，最终获取创业投资的分红也会越多，对企业的控制权也越大。因此，准备创业的人应从自我做起，较早就有意识地进行储蓄，作为创业资金。

(2) 向亲友融资

向亲友融资是初创企业比较常见的融资渠道。亲友融资是建立在亲情和友情的基础之上，而不是单纯为了获得高额利润回报。

在向亲友融资时，创业者必须用现代市场经济的游戏规则、契约原则和法律形式来规范融资行为，保障各方利益，减少不必要的纠纷。首先，创业者一定要明确所筹集资金的性质，确定彼此的权利和义务。若筹集的资金是亲友对企业的投资，则属于股权融资的范畴，双方共同承担企业经营的风险，共享企业经营利润；若资金是从亲友处获得的借款，则需以书面的形式明确借款金额和偿还日期等内容。此外，无论是从亲友处借款还是获取投资，创业者都应通过书面形式明确相关的问题，以避免将来可能产生的矛盾。创业者在向亲友融资之前，要仔细考虑这一行为对亲友关系的影响，尤其是若创业失败，无力偿还亲友投资等问题。要将日后可能产生的有利和不利因素都告知亲友，尤其是创业风险，以便将来出现问题时将对亲友的不利影响降到最低。

（3）天使投资

天使投资主要是指自由投资者或非正式机构对有创意、有市场潜力的创业项目或小型初创企业进行的一次性前期投资。天使投资介入初创企业的时间较早，一般在企业所处的种子期和初创期就介入。

"天使投资"一词起源美国百老汇，原指为公益会演提供资助的富人，人们称之为"天使"。后来这一称谓被经济领域引入，指那些资金雄厚的人士，在企业经营早期对一些具有发展前景的初创企业提供资金支持的行为。"天使"在投资过程中，既体验了创业的乐趣，还有可能获得丰富的投资回报。早期的天使投资人一般都是资金雄厚的创业成功人士、企业高层管理人员、经验丰富的行业专家、高校科研机构专业人士等个体投资者。随着经济的发展和风险投资业的兴起，目前也有一些投资机构专门从事天使投资业务，如真格基金、险峰华兴、梅花天使创投等。因此，天使投资既可以是个人投资行为，也可以是机构投资行为。

天使投资的融资程序简单，融资效率高，资金投放方式多样。天使投资人对初创企业不但可以提供资金支持，还可以提供专业知识指导和社会资源引进等方面的支持。天使资金通常以股权的方式注入公司。初创企业一旦创业成功，其投资回报率会非常高。

7.2.3.2 机构资金融资

随着创业企业进入发展期和成熟期，许多前景明朗的企业会逐步吸引越来越多的投资机构的资金注入。机构融资渠道主要包括银行贷款、商业信用融资、融资租赁、创业投资等。

（1）银行贷款

银行贷款是指企业通过银行为企业筹集资金，它是创业企业重要的资金来源。银行贷款是企业根据借款合同向银行(或其他金融机构)借入的需要还本付息的款项。银行贷款通常以风险最小化为原则，因此会要求企业提供可抵押资产，对于进入发展期或成熟期的企业，这种融资方式具有较强的适用性。

银行贷款按有无担保，可分为信用贷款和担保贷款。信用贷款是指银行依据对借款人资质的信任而发放的贷款，借款人无须向银行提供抵押物。担保贷款是指以担保人的信用为担保而发放的贷款。

创业者在向银行申请贷款时,并非仅仅与银行打交道,往往还需要与工商税务、中介机构等部门进行接洽,手续较为烦琐,所需时间较长。

(2) 商业信用融资

初创企业步入正常运营之后,逐步开发并拥有了自己的客户和供应商,通过商品交易过程中以延期付款或预收货款等方式进行购销活动而形成资金的借贷关系。商业信用融资是初创企业常见的融资方式,主要有以下形式:应付账款、商业汇票、票据贴现和预收货款。商业信用融资形式可以帮助企业在资金缺乏时彼此帮助、渡过难关。

(3) 融资租赁

融资租赁是一种以融资为直接目的的信用方式,是指出租人根据承租人对租赁物的特定要求和供货商的选择,出资向供货商购买租赁物,并租给承租人使用,承租人分期向出租人支付租金。在租赁期内,租赁物的所有权属于出租人,承租人拥有租赁物的使用权;租赁期满,租金支付完毕,租赁物归出租人所有,但承租人有优先购买权。

融资租赁实质上是一种融资方式,它将融资和融物集于一体。融资租赁对租赁企业的资质信用和担保要求不高,对于需要购买大件设备的初创企业及中小企业非常适用。企业不用支付高额费用购买设备而改为租赁方式,将固定投入转变为流动投入,可盘活企业运营资金,减小企业资金压力。应注意的是,在融资租赁时,初创企业一定要选择资金实力强、信誉良好的租赁公司进行合作。

(4) 创业投资

创业投资也称风险投资,是指向不成熟的初创企业提供资金支持,并为其提供管理和经营服务,获取初创企业股权,期望企业发展到相对成熟后,通过股权转让收取高额中长期收益的投资行为。

创业投资的经营方针是在高风险中追求回报,特别强调初创企业的高成长性。其投资对象是那些不具备上市资格的处于起步和发展阶段的企业。其投资目的是取得企业的少部分股权,通过资金和管理等方面的帮助,促进初创企业发展,使资本增值。一旦企业发展起来,股票可以上市,风险投资家便在股票市场出售股票,获取高额回报。创业投资机构所选择的投资项目主要集中在高新技术产业,项目具有成长性高、发展速度快、风险高、回报高等特点。

7.2.3.3 政府背景融资

(1) 科技型中小企业技术创新基金

科技型中小企业技术创新基金是经国务院批准设立,用于支持科技型中小企业技术创新的政府专项基金。通过拨款资助、贷款贴息和资本金投入等方式扶持和引导科技型中小企业的技术创新活动,促进科技成果的转化,培育一批具有中国特色的科技型中小企业,加快高新技术产业化进程,将对我国产业和产品结构整体优化,扩大内需,创造新的就业机会,带动和促进国民经济健康、稳定、快速地发展等起到积极的作用。科技型中小企业技术创新基金作为中央政府的专项基金,按照市场经济的客观规律进行运作,扶持各种所有制类型的科技型中小企业，并有效地吸引地方政府、企业、风险投资机构和金融机构对科技型中小企业进行投资，逐步推动建立起符合市场经济客观规律的高新技术产业化投资机制，从而进一步优化科技投资资源，营造有利于科技型中小企业创新和发展的良好环境。

(2) 中小企业国际市场开拓资金

中小企业国际市场开拓资金是由中央和地方财政共同安排的专门用于支持中小企业开拓国际市场的专项资金。主要用于支持中小企业和为中小企业服务的企业、社会团体和事业单位组织中小企业开拓国际市场的相关活动。该资金主要支持内容包括：举办或参加境外展览会、质量管理体系、环境管理体系、软件出口企业和各类产品的认证、国际市场宣传推介、开拓新兴市场、组织培训与研讨会、境外投标等方面。市场开拓资金支持比例原则上不超过支持项目所需金额的 50%，对西部地区中小企业以及符合条件的市场开拓活动，支持比例可提高到 70%。

(3) 大学生创业优惠政策

我国政府对大学生创业制定了大量的扶持政策。各地采取保障措施，确保符合条件的高校毕业生能得到创业指导、创业培训、工商登记、融资服务、税收优惠、场地扶持等各项服务和优惠政策。各地的公共就业人才服务机构为自主创业的高校毕业生做好人事代理、档案保管、社会保险办理和接续、职称评定、权益保障等服务。同时鼓励各地充分利用现有资源建设大学创业园、创业孵化基地和小企业基地，为高校毕业生提供创业经营场所。各银行金融机构积极探索和创新符合高校毕业生创业实际需求的金融产品和服务，本着风险可控和方便高校毕业生享受政策的原则，降低贷款门槛，优化贷款审批流程，提升贷款审批效率，多途径为高校毕业生解决担保难问题，切实落实银行贷款和财政贴息。高校毕业生在电子商务平台创办网店，可享受小额担保贷款和贴息政策；高校毕业生创办小微企业，可以减半征收企业所得税，月销售额不超过 2 万元的暂免征增值税和营业税。

(4) 众筹平台融资

众筹的兴起源于美国网站 Kickstarter。该网站通过搭建网络平台面向公众筹资，让有创造力的人有机会获得他们所需要的资金，以便使他们的梦想有可能实现。这种模式的兴起打破了传统的融资模式，每个普通人都可以通过众筹模式获得从事某项创作或活动的资金，使得融资的来源者不再局限于风投等机构，而可以来源于大众。

众筹是通过"团购+预购"的形式，向网友募集项目资金的模式。众筹利用社会性网络服务传播的特性，让小企业、艺术家或个人向公众展示他们的创意，取得人们的关注和支持，进而获得所需要的资金援助。众筹由发起人、跟投人、平台构成，具有低门槛、多样性、依靠大众力量、注重创意等特征。

众筹最初是艺术家们为创作筹措资金的手段，现已演变成初创企业和个人为自己的项目争取资金的一个渠道。众筹网站使任何有创意的人都能够向陌生人筹集资金，比向传统投资者和机构融资更为简便。众筹融资要遵循一定规则，如筹资项目必须在发起人预设的时间内达到或超过目标金额才算成功；在预设天数内达到或超过目标金额，项目即成功，发起人可获得资金；筹资项目完成后，支持者将得到发起人预先承诺的回报，回报方式可以是实物，也可以是服务；如果项目筹资失败，那么已获资金全部退还支持者。众筹不是捐款，支持者一定要有相应的回报。

7.3 创业融资决策

7.3.1 影响融资决策的因素

创业环境多变，要充分研究和分析影响融资决策的因素，把握各种融资方法，才能做出正确的融资决策。影响融资决策的因素大概有两类：间接因素与直接因素。其中间接因素通过直接因素发生作用。

（1）间接因素

间接因素是指相对稳定的，不随具体融资方案变化而变化，对融资决策起间接作用的因素，包括内部因素和外部因素。

①内部因素　与企业自身所处状态有关的因素包括企业的组织形式、企业的规模及业绩、信誉、企业所处的生命周期阶段、企业的资产结构、企业的盈利能力和偿债能力、企业的资本结构。

②外部因素　包括经济环境、法律环境、金融环境（金融政策、利率）。而每一项因素又包括许多子因素。

（2）直接因素

直接因素是指随具体融资方案的不同而变化的影响因素，主要包括融资成本、融资效益、融资风险。

7.3.2 融资决策原则

7.3.2.1 收益与风险相匹配

融资的目的是将所融资金投入运营并获取经济效益，因此在每次融资之前，创业者往往会预测本次融资能够带来多少收益。但"天下没有免费的午餐"，实际上在融资取得收益的同时，企业也要承担相应的风险。对企业而言，尽管融资风险是不确定的，可一旦发生，企业就要承担100%的损失。对于创业者来说，初创业企业规模小，抗风险能力弱，一旦风险演变为现实的损失，企业将不堪重负。因此在融资的时候，千万不能只把目光集中于最后的总收益，还要考虑在既定的总收益下，企业要承担怎样的风险以及这些风险一旦演变成损失，企业能否承受。

7.3.2.2 融资规模量力而行

确定企业的融资规模，在融资过程中非常重要。筹资过多，可能造成资金闲置浪费，增加融资成本，导致企业负债过多，偿还困难，增加经营风险。而如果融资不足，又会影响企业融资计划及其他业务的正常开展。因此，创业者在进行融资决策之初，要根据企业对资金的需要、企业自身的实际条件以及融资的难易程度和成本情况，量力而行地确定合理的融资规模。融资规模的确定一般要考虑以下两个因素：

(1) 资金形式

一般来讲企业的资金形式主要包括固定资金、流动资金和发展资金。初创企业由于财力薄弱应尽可能减少固定资产的投资，通过一些成本较少，占用资金量小的方式来满足生产需要，如可通过租赁的方式来解决生产设备和办公场所的需求。同时，流动资金是用来支持企业在短期内正常运营所需的资金，如办公费、员工工资、差旅费等。结算方式对流动资金的影响较大，创业者要精打细算，尽可能使流动资金的占用做到最少，可通过自有资金和贷款的方式解决。

发展资金是企业在发展过程中用来进行技术开发、产品研发、市场开拓的资金。这部分的资金需求量很大，仅仅依靠自身的力量是不够的，因此，对于这部分资金，建议采取增资扩股、银行贷款的方式解决。

(2) 资金的需求期限

不同的企业或同一个企业不同的业务过程对资金需求期限的要求也是不同的。例如，高科技企业由于新产品从推出到被社会所接受需要较长的过程，对资金期限一般要求较长，因此对资金的需求规模也大；而传统企业由于产品成熟，只要质量和市场开拓良好，一般情况下资金回收也快，对资金的需求量较少。

企业在确定融资规模时一定要仔细分析本企业的资金需求形式和需求期限，做出合理的安排，尽可能压缩融资的规模。

7.3.2.3 控制融资成本最低

融资成本是指企业实际承担的融资代价（或费用），具体包括融资费用和使用费用。融资费用是企业在资金筹集过程中发生的各种费用，如向中介机构支付中介费等；使用费用是指企业因使用资金而向资金提供者支付的报酬，如股票融资向股东支付的股息、红利、发行债券、借款向债权人支付的利息等。由于企业资金的来源渠道不同，融资成本的构成则不同。由于中小企业自身硬件和软件（专业的统计软件和专业财务人员）的缺乏，他们往往更关注融资成本的各项指标。

企业融资成本是决定企业融资效率的决定性因素，对于中小企业选择哪种融资方式有着重要意义。由于融资成本的计算要涉及很多种因素，具体运用时有一定的难度。一般情况下，按照融资来源划分的各种主要融资方式融资成本的排列顺序从小到大依次为：财政融资、商业融资、内部融资、银行融资、债券融资、股票融资。

7.3.2.4 遵循资本结构合理

资本结构是指企业各种资本来源的构成及比例关系，其中债权资本和权益资本的构成比例在企业资本结构的决策中居于核心地位。企业融资时，资本结构决策应体现理财的终极目标，即追求企业价值最大化。在企业假定持续经营的情况下，企业价值可根据未来一定期限预期收益的现值来确定。虽然企业预期收益受多种因素制约，折现率也会因企业所承受的各种风险水平不同而变化，但从筹资环节看，如果资金结构安排合理，不仅能直接提高筹资效益，而且对折现率的高低也起一定的调节作用，因为折现率是在充分考虑企业加权资本成本和筹资风险水平的基础上确定的。

最优资本结构是指能使企业资本成本最低且价值最大，能最大限度地调动各利益相关者积极性的资本结构，企业价值最大化要求降低资本成本，但这并不意味着要强求低成本，而不顾筹资风险的增大，这不利于企业价值的提高。

衡量企业资本结构是否达到最佳的主要标准是企业资本的总成本是否最小、企业价值是否最大。加权平均资本成本最低时的资本结构与企业价值最大时的资本结构应该是一致的。一般而言，收益与风险共存，收益越大往往意味着风险也越大。而风险的增加将会直接威胁企业的生存。因此，企业必须在考虑收益的同时考虑风险。企业的价值只有在收益和风险达到均衡时才能达到最大。企业的总资本和企业价值的确定都直接与现金流量、风险等因素相关联，因而两者应同时成为衡量最佳资本结构的标准。

7.3.2.5 测算融资期限适宜

按照融资期限来划分，可分为短期融资和长期融资。创业者究竟选择短期融资还是长期融资，主要取决于融资的用途和融资成本等因素。从资金用途来看，如果融资是用于流动资产，由于流动资产具有周期短、易于变现、经营中所需补充数额较小及占用时间短等特点，宜选择各种短期融资方式，如商业信用、短期贷款等；如果融资是用于长期投资或购置固定资产，这类用途要求资金数额大、占用时间长，宜选择各种长期融资方式，如长期贷款、企业内部积累、租赁融资、发行债券、股票等。

7.3.2.6 保持企业有控制权

企业控制权是指相关主体对企业施以不同程度的影响力。控制权的掌握具体体现在：控制者拥有进入相关机构的权利，如进入公司制企业的董事会或监事会；能够参与企业决策，并对最终的决策具有较大的影响力；在有要求时，利益能够得到体现，如工作环境得以改善、有权分享利润等。

在现代市场经济条件下，不同的融资结构与控制权之间存在紧密联系。融资结构具有明显的企业治理功能，它不仅规定着企业收入的分配，而且规定着企业控制权的分配。因此，管理者在进行融资前一定要掌握各种融资方式的特点，精确计算各种融资方式融资量对企业控制权可能产生的影响，这样才能把企业牢牢地控制在自己的手中。

7.3.2.7 选择最适合的融资方式

创业者在融资时通常有很多种融资方式可供选择，每种融资方式由于特点不同给企业带来的影响也是不一样的，而且这种影响也会反映到对企业竞争力的影响上。首先通过融资，壮大了企业资本实力，增强了企业的支付能力和发展后劲，从而增加竞争能力；其次，通过融资，能够提高企业信誉，扩大企业产品的市场份额；最后，通过融资，能够增大企业规模和获利能力，充分利用规模经济优势，从而提高企业在市场上的竞争力，加快企业的发展。但是，企业竞争力的提高程度，根据企业融资方式、融资收益的不同而有很大差异。例如，通常初次发行普通股并上市流通的融资，不仅会给企业带来巨额的资金，还会大大提高企业的知名度和信誉，使企业的竞争力获得极大提高。再如，企业想开拓国际市场，通过各种渠道在国际资本市场上融资，尤其是与较为知名的国际金融机构或投资人合作也能够提高自己的知名度，这样就可以迅速被人们认识，无形之中提高了自身形象，也增强了企业的竞争力，这种通过选择有实力的融资合作伙伴来提升企业竞争力的方法在国内也经常使用。

7.3.2.8 把握最佳融资机会

所谓融资机会是指由有利于企业融资的一系列因素所构成的有利的融资环境和时机。创业者选择融资机会的过程，就是企业寻求与企业内部条件相适应的外部环境的过程。过早融资会造成资金闲置，过晚融资又会造成投资机会的丧失。一般来说，创业者融资机会的选择要充分考虑以下几个方面：

①由于融资机会是在某特定时间出现的一种客观环境，与企业外部环境相比，企业本身对整个融资环境的影响是有限的。在大多数情况下，创业者和企业实际上只能适应外部融资环境而无法左右外部环境，这就要求企业必须充分发挥主动性，积极地寻求并及时把握住各种有利时机，努力寻找与投资需要和融资机会相适应的可能性。

②由于外部融资环境复杂多变，融资决策要有超前性，为此企业要能够及时掌握国内和国外利率、汇率等金融市场的各种信息，了解国内外宏观经济形势、国家货币及财政政策以及国内外政治环境等各种外部环境因素，合理分析和预测能够影响企业融资的各种有利和不利条件，以及可能的各种变化趋势，以便寻求最佳融资时机。

例如，在计划经济时期，财政拨款是我国国有企业筹集资金的主要方式，"拨改贷"后银行贷款又成为企业筹集资金的主要方式。随着社会主义市场经济的逐步完善以及股份制的建立，在资本市场上融资逐渐成为企业融资的重要方式，这些国家政策的变化对企业而言具有深远影响。因此，中小企业的管理者一定要注意国家各类法规的变化，要对此具有敏锐的"嗅觉"，在判断形势后果断决定融资的途径。近些年来，我国企业境外上市逐渐增多，中小企业板也正式启动，这些国内外融资环境的变化给中小企业提供了新的融资途径。

③在分析融资机会时，必须考虑具体的融资方式所具有的特点，并结合自身实际情况，适时制定合理的融资决策。

创业者必须善于分析内外环境的现状和未来发展趋势对融资渠道和方式的影响，从长远和全局的视角来选择融资渠道和融资方式。此外，对于企业而言，尽管可以选择不同的融资渠道和方式，但最佳方式往往只有一种，这就对企业管理者提出了很高的要求，必须选择最佳的融资机会。

7.3.3 创业融资决策

制定合理的融资策略是从融资需求的评估、融资方案的制订到融资决策的形成的完整过程。在进行融资决策时，必须考虑不同融资方式的优缺点、计算融资成本，还应确定最佳资本结构，选择融资渠道，设计出最低的融资成本、最小的融资风险、最优的融资方案，为融资决策提供依据。

7.3.3.1 融资需求评估

融资需求评估主要解决的是需要多少钱的问题,但在企业成立的最初几年里,要确切知道企业需要多少钱不太现实,因而创业者往往根据同行的经验或主观判断进行资金需求量的最低限额估算。实际上掌握一定的财务知识,将财务报表与创业计划、企业发展战略结合起来,对企业资金需求量进行切实可行的估算还是有可能的。

（1）启动资金

启动资金是用来支付场地（土地和建筑）、办公家具和设备、机器、原材料和商品库存、营业执照、许可证、开业前广告和促销、工资以及水电费和电话费等项费用。

$$启动资金 = 投资（固定资产）+ 流动资金 + 开办费$$

（2）固定资产预算

固定资产是指使用超过1年,且能够在相当长的经营期间,为企业的生产经营提供连续服务,单位价值较高的资产。固定资产主要用于以下几个方面：

①企业用地和建筑投资　创办企业需要场所和建筑,为解决这种需要,创业者可根据自身情况考虑建造或租赁场地,同时还要考虑场所的装修费用。

②设备投资　一般是指企业生产经营所需的机器、工具、工作设施、车辆、办公家具等方面的投资。对于制造业和某些服务行业企业,最大的投资往往是设备,所以在制订资金需求计划时,一定要确定好必须购买的设备名称、类型、数量等。

因创业资金有限,创业者最好采取租赁方式解决用地和建筑问题,而将主要资金用于购买设备。

（3）流动资金预算

流动资金指企业运转所需的日常开支。流动资金主要支付购买并储存原材料和成品、促销、工资、租金、保险和许多其他费用。企业需要流动资金用以购买原材料和产品进行促销、发放工资、支付租金、缴纳保险等。一般小微企业至少需要考虑支付3个月费用,规模较大的企业需要支付6个月到1年的费用。要准确预测企业所需的流动资金,需要学会制订现金流量计划。预测流动资金需要考虑以下几个方面：

①项目本身的费用　付给所选定项目的直接费用。如投入前的调研费用、接受面授或者函授某一技术的培训费用、技术资料费用、购买设备费用、某一项目的加盟费用。如果需赴外地调研还要计算差旅费。

②材料、配件、成品库存　由于经营需要,企业需要储备一定的原材料、配件和成品库存,库存越多,需要用于采购的流动资金就越大。

③促销　新企业开张需要推广优质的商品和服务,这些都需要流动资金。

④工资　创业者需要给员工支付工资。通过每月工资总额和还未达到收支平衡的月数的乘积算出流动资金。

⑤租金　企业一开始需要支付土地和房租的费用。用于房租的流动资金为月租金额乘以还未达到收支平衡的月数。但要考虑租房合约中要求起租时租金为几月一付,这也会增

加流动资金。

⑥保险　企业自开始运转之日起，就必须付清投保的保险费，这也需要流动资金。

⑦其他费用　如电费、文具费、交通费等。

(4)预估销售收入、销售成本、销售费用、利润

对于新创企业来说，预估销售收入是制订财务计划和财务报表的第一步。

(5)预计财务报表

新创企业可以采用销售百分比法预估财务报表。这一方法的优点是能比较便捷地预测出相关项目在销售中所占的比率，预算出相关项目的资本需求量。但是由于项目在销售额中所占比率往往会随市场情况、企业管理等因素发生变化。因此，必须对它进行及时调整，否则会造成负面影响。

(6)结合企业发展规划预测融资需求量

财务指标及报表的预估是创业者必须了解的财务知识，即使企业有专门的财务人员，创业者也应该大致掌握这些方法。同时，必须注意融资需求量的确定并不是一个简单的财务测算过程，而是需要将未来和现实综合考虑的决策问题，需要在财务数据的基础上，全面考察企业经营环境、市场状况、创业计划以及内外部资源条件等因素。

7.3.3.2　确定最佳资本结构

企业在筹措资金时，常常会面临提高收益与降低风险之间的两难选择。那么，通常该如何进行选择呢？财务杠杆和财务风险是企业在筹措资金时通常要考虑的两个重要问题，而且企业常常会在利用财务杠杆与避免财务风险之间处于一种两难处境：企业既要尽力加大债务资本在企业资本总额中的比重，以充分享受财务杠杆利益，又要避免由于债务资本在企业资本总额中所占比重过大而给企业带来相应的财务风险。

寻求最佳资本结构的具体决策程序是：首先，当一家企业为筹措一笔资金面临几种融资方案时，企业可以分别计算出各个融资方案的加权平均资本成本率，然后选择其中加权平均资本成本率最低的一种。被选中的加权平均资本成本率最低的那种融资方案只是各种方案中最佳的，并不意味着它已经形成了最佳资本结构，企业要观察投资者对贷出款项的要求、股票市场的价格波动等情况，根据财务判断分析资本结构的合理性，同时企业财务人员可利用一些财务分析方法对资本结构进行更详尽分析。最后，根据分析结果，在企业的融资决策中进一步改进其资本结构。

7.3.3.3　制订融资方案

融资方案的制订是解决"什么时候需要钱""需要什么样的钱"等问题的系统判断和实施纲略。在融资方案制订过程中，创业者需关注的最重要因素主要是财务生命周期。

(1)根据财务生命周期的不同，选择融资渠道

创业融资需求具有阶段性的特征，创业周期不同阶段具有不同的风险特征和资金需求，不同融资渠道能够提供的资金数量和风险程度也不同，因此在融资时，需要将不同阶段的融资需求和融资渠道进行匹配，提高融资效率(表7-1)。

表 7-1　不同发展阶段对应的不同融资渠道

发展阶段	资本需求特征	主要融资渠道
种子期	资本需求量少、风险大	自有资本需求、亲朋借贷、国家创业基金、天使基金、租赁融资
起步期	资本需求量大	零阶段风险投资
成长期	资本需求量大，尤其是对现金的需求大大增加	股权投资
成熟期	资本需求量稳定	银行贷款、股票融资、债券融资

在种子期，企业具有高度的不确定性，面临技术风险、市场风险、财务风险、团队风险等，资本的需求量少，因此，以盈利为目的的资本通常不敢介入，创业者很难从外部募集到资金，创业者自有资金、亲朋借贷、天使投资、创业投资以及合作伙伴的投资是较常见的融资渠道。

起步期，企业已经注册成立，产品和服务已经开发出来处于试销阶段。这一时期经费投入明显增加，其活动主要围绕销售情况、完善产品、确立市场营销模式、完善管理模式、扩充团队。企业面临市场风险、管理风险以及财务风险，资本需求量增大，创业者可以在前期融资的基础上，吸引零阶段风险投资，也可以利用短期租赁方式解决生产经营中的资本不足状况。

成长期，企业已经有了营业收入，但在成长期前期，收益依然少于投入，企业处于负的现金流量中，现金需求量大。而在这一阶段，企业还未建立稳定的市场声誉，因而向银行贷款困难，需要创业投资机构的帮助，创业者多采用股权融资的方式筹集资金，合作伙伴投资、创业投资是常用的融资方式，此时也可采用抵押贷款、租赁以及商业信用方式筹集部分生产经营所需资金。在成长期后期，企业的成长性得到充分展现，资产规模不断扩大，产生现金流的能力进一步提高，有办法偿还债务的本息，此时创业者多采用负债的方式筹集资金，如通过银行贷款等渠道。

成熟期，企业在产品销售、服务、内部管理结构等方面都已经成熟，资本需求量稳定，筹措资金较前阶段容易，企业可通过股票融资、债券融资以及银行贷款等方式筹集进一步发展壮大的资金。

制定融资决策还应该考虑投资者的偏好，融资项目和方案如能投其所好将事半功倍。融资过程中最容易犯的错误是低估了融资所需要的时间。创业者越是急需资金，谈判筹码就越低。因此，创业者如何做到未雨绸缪是制定成功融资方案的关键因素之一。

融资环境的变化对初创企业或小企业融资市场和渠道产生重大的影响，主要体现在贷款人和投资者高度谨慎的风险防范态度。而自有资金的压力对融资方案的影响主要集中在企业现金流的评估上，这也是创业企业外部融资需求与方案制定的核心，对企业现金流评估主要集中在现金消耗率，现金耗尽期以及融资到位过程时间3个因素。如果创业者有1年以上融资过渡时间，创业者的选择权、条件、价格和承诺将大大改善，也就是说，筹资的基本策略是在不急用钱的情况下开始筹钱。

（2）融资方式选择

创业活动千差万别，所涉及的行业、初始资源禀赋、面临的风险、预期收益等有较大不同，其要面临的竞争环境、行业集中度、经营战略也不同，因此，不同初创企业选择的资本结构也不同（表7-2）。对于高科技产业或具有独特商业价值的企业，经营风险大，预期收益高，创业者有良好的相关背景，较多采用股权融资方式；对于传统产业，经营风险较小，预期收益较容易预测，比较容易获得债权融资。

表7-2 初创企业的类型、特征和融资方式

初创企业类型	初创企业特征	融资方式
高风险、预期收益不确定	弱小的现金流 高负债率 低、中等成长 能力未经证明的管理层	个人积蓄、亲朋借贷
低风险、预期收益好预测	一般是传统行业 强大的现金流 低负债率 优秀的管理层 良好的资产负债表	债权融资
高风险、预期收益高	独特的商业创意 高成长 利基市场 得到证明的管理层	股权融资

（3）编制融资方案

①融资方案撰写步骤

• 融资项目的论证：主要包括项目的可行性和项目的收益率。

• 融资途径的选择：作为融资人，应该选择成本低，融资快的融资方式。如发行股票、证券、向银行贷款、接受合作伙伴的投资、如果项目和现行的产业政策相符，还可以请求政府财政支持。

• 融资的分配：所融资金应该专款专用，以保证项目实施的连续性。

• 融资的归还：项目的实施需有期限的控制，一旦项目的实施可以回收本金，就应该把所融的资金进行合理的偿还。

• 融资利润的分配。

②融资方案具体内容　创业融资方案，其实是一份说服投资者的证明书。投资者通过创业计划书认识了创业项目，除了创业计划书外，投资者往往需要融资者出具创业融资方案，说明资金数量、资金用途、利润分配、退出方式等。在融资过程中，融资计划书就显得很重要。

创业融资计划书的内容包括：

• 摘要：即计划书摘要，写在计划书前。

• 企业介绍：企业现状、现有股东实力、资信程度、董事会决议等。

- 项目分析：项目基本情况、项目来源、项目价值、项目可行性。
- 市场分析：市场容量、目标客户、竞争定位、市场预测。
- 管理团队：管理人员情况、组织结构、管理优势。
- 财务计划：资金需求量、资金用途、财务报表。
- 融资方案的设计：融资方式、融资期限和价格、风险分析、退出机制。

在编制融资方案时应注意，创业融资方案要侧重项目可行性分析、团队实力、股本结构、资金数量、资金用途、利润分配和退出方式。

特别要强调的是需要预测资本的需求量，创业者需要明确资金用途，然后估算资本需求量，相对准确预计固定资本和运营资本的数量。同时特别要注意创业融资计划是一个规划未来资金运作的计划，在计划中需要考虑长期利益和短期利益。

制订计划时首先需要估算启动资金。启动资金包括企业最基本的采购资金、运作资金等，是企业前期最基本的投资。

其次，预测营业收入、营业成本和利润。对于新创企业来说，预估营业收入是编制财务计划和财务报表的第一步。在市场调研的基础上，估计每年的营业收入。然后估算营业成本、营业费用、管理费用等。收入和成本都估算出来了，就可以估算出税前利润、税后利润、净利润。

最后，编制预计的财务报表。预计利润表可以预计企业内部融资的数额，还可以让投资者看到企业利润情况。预计资产负债表反映了企业需要外部融资的数额。预计现金流量表反映了流动资金运转情况，新创企业往往会遇到资金短缺或资金链断裂的问题，此时，预计现金流量表就显得十分重要。但是影响预计现金流量的不确定因素太多，很难准确预计现金流，创业者可以采用各种假设预计最乐观和最悲观的情况。

融资方案的制订关系到创业企业能否融资成功和融资规模的大小，因此，创业者务必综合考虑多方因素，制订合适的融资方案。

◆ 实践活动

请为所在学校的菜鸟驿站设计一份融资方案。

第8章 管理新创企业

【案例】

创新引领，格力电器巅峰之路：董明珠的成功密码

在中国家电行业，格力电器一直是一颗璀璨的明珠。其成功的背后，不仅有卓越的产品质量和市场策略，更有一位女性创业者的坚持和创新理念的引领——董明珠。格力电器之所以能够在激烈的市场竞争中脱颖而出，关键就在于董明珠对创新的独到见解和对公司发展的深刻影响。

董明珠一直强调"创新是格力电器发展的灵魂"，她深刻理解创新不仅是技术上的突破，更是理念和文化的传承。在她的领导下，格力电器注重产品研发和技术创新，致力于推动科技与生活的完美结合。空调领域是格力电器最为成功的代表之一，通过不断推陈出新的技术创新，使得格力的空调产品在市场上始终保持竞争力。

除了技术创新，董明珠对企业管理和运营也有着独到的见解。她提倡扁平化管理，鼓励员工发挥创意，实现自我价值。这种管理理念激发了员工的工作热情，促使企业形成一支高效协同的团队。董明珠相信，创新不仅是高层管理者的责任，每个员工都有可能成为创新的推动者，只有打破传统的层级束缚，激发团队的创造力，企业才能在激烈的市场竞争中立于不败之地。

董明珠作为格力电器的董事长兼总裁，通过独特的创新理念影响了整个企业的发展方向。她对创新的理解不仅局限于技术层面，更体现在管理理念上。格力电器之所以能够在激烈的市场竞争中屹立不倒，正是因为董明珠的坚持和创新引领，让格力电器成为中国家电行业的佼佼者。

思考与启示：当今中国正处于经济转型与消费升级、"一带一路"带来的国际化机遇、势不可挡的金融体制改革等多种形势，通过董明珠的管理案例，作为创业者，我们应认真思考该如何把握机遇？如何分析产品和市场？如何制定相应的营销策略？采用何种方式进入市场？如何突破进入市场过程中的障碍等一系列问题。

8.1 新创企业的营销过程

所谓创业营销，就是创业企业家凭借创业精神、创业团队、创业计划和创新成果，获取企业生存发展所必需的各种资源的过程，它实际上是一种崭新的创业模式。对于大多数年轻的创业者来说，既缺乏资金和社会关系，又缺乏商业经验，所拥有的只是创业激情和某种新产品的原始构思或某种新技术的初步设想。要想获得成功，除了勇气、勤奋和毅力外，还必须依赖有效的创业营销来获得创业所需的各种资源。

一般来说，创业营销的过程要比传统营销简单，这是由其资源禀赋以及企业特征决定的。成熟企业往往拥有一个专职的营销部门来实施营销工作，同时也拥有充分的资源予以支持。创业营销所能够使用的资源则要少得多，很多新创企业中，很少有专门的营销部门，由于这个原因，创业营销过程要相对简单，目标也更为直接。

8.1.1 新创企业目标市场确定

目标市场选择的前提和基础是必须对整体市场进行细分。企业通过对市场进行细分，发现一些潜在需求或未被满足的需求，并结合企业自身的目标和资源，分析竞争的情况，寻找到理想的市场机会，这就是目标市场的选择。

8.1.1.1 目标市场

目标市场就是通过市场细分后，企业准备以相应的产品和服务满足其需要的一个或几个子市场。在市场细分的基础上，企业根据自身优势，针对目标市场的特点开展营销活动，以期在满足顾客需求的同时，实现企业经营目标。

企业通过市场调研掌握市场需求和消费者的购买心理，接着是市场细分和目标市场选择。在买方市场，除了极个别的产品外，大多数产品对顾客而言，都有很多种选择。同时，任何企业也不可能满足一种产品的所有市场需求，而只能满足其中一部分消费者的需要。企业需要把"这一部分顾客"筛选出来，确定为自己的主要进攻市场即目标市场，并充分利用企业的资源，发挥企业优势，形成企业的特色，制定出有针对性的市场营销策略。在撰写创业计划书时，大学生创业者就要科学分析计划中经营的目标市场，这不仅直接关系到企业的初创阶段是否顺利，而且将长久地主导企业的开发方向、发展速度。

8.1.1.2 市场细分

找准目标市场，企业就要科学实施市场细分。新创企业通常在创业计划阶段基本完成市场细分，在商业计划中进一步准确细分。市场细分是20世纪50年代中期美国市场营销学家温德尔·斯密提出的，其产生与发展经历了以下几个重要阶段：大量营销阶段、产品差异化营销阶段、目标营销阶段。市场细分主要指以消费需求的某些特征或变量为依据，区分具有不同需求的顾客群体。市场细分后所形成的具有相同需求的顾客群体称为细分市场。在同类产品市场上，同一细分市场的顾客需求具有较多的共同性，不同细分市场之间的需求具有较多的差异性，企业应明确有多少种细分市场及各细分市场的主要特征。市场细分的作用，表现为：有利于发现市场机会，有利于掌握目标市场的特点，有利于制定市场营销组合策略，有利于提高企业的竞争能力。

大学生创业者在进行细分市场观念理解时，要区分市场细分不是对自己企业的产品进行分类，也不是按企业的性质进行分类，是按照顾客的需要和欲望进行分类。一般来说，新创企业在进行市场细分时，还应把握以下4点要求：

(1) 要有明显特征

市场细分应使企业营销人员能够识别有相似需求的顾客群体，这些群体应有企业能分析的明显的特征和行为。

(2) 要可以实现

要根据企业的实力，量力而行。在进行细分时，企业应考虑划分出来的细分市场，必须是企业有足够的能力去占领的子市场，在这个子市场中，能充分发挥企业的资源优势。

(3) 要有适当盈利

在市场细分中，被企业选中的子市场还必须有一定的规模，即有充足的需求量，能够使企业有利可图，并实现预期利润目标。如果细分市场的规模过大，企业"吃不下，无法消化"，在竞争中处于弱势；如果规模过小，企业又"吃不饱"，现有资源得不到最佳利用，利润都难以确保。因此，细分出的市场规模必须恰当，才能使企业得到合理的利润。

(4) 市场要有发展潜力

市场细分应有相对的稳定性。细分市场一旦被企业选定为目标市场，它不仅应给企业带来目前的利益，还必须能够给企业带来较长远的利益。所以，企业在进行细分时必须考虑市场未来发展是否有潜力。

8.1.1.3 确定目标市场的程序

确定目标市场的步骤。

(1) 细分市场

①消费品市场的细分标准　消费品市场的细分标准可以概括为地理因素、人口统计因素、心理因素和行为因素4个方面，每个方面又包括一系列的细分变量（表8-1）。

表8-1　消费品市场的细分标准

细分标准	细分变量
地理因素	地理位置、城镇大小、地形、地貌、气候、交通状况、人口密集度等
人口统计因素	年龄、性别、职业、收入、民族、宗教、教育、家庭人口、家庭生命周期等
心理因素	生活方式、性格、购买动机、态度等
行为因素	购买时间、购买数量、购买频率、购买习惯（品牌忠诚度）、对服务、价格、渠道、广告的敏感程度等

②生产资料市场的细分标准　上述消费品市场的细分标准有很多都适用于生产资料市场的细分，如地理环境、气候条件、交通运输、追求利益、使用率、对品牌的忠诚度等。但由于生产资料市场有它自身的特点，企业还应采用其他一些标准和变数来进行细分，最常用的有：最终用户要求、用户规模、用户地理位置等变数。

(2) 评价细分市场

新建企业评价细分市场，主要围绕市场是否具有适合企业的规模、良好的发展前景、吸引力、企业的目标及资源优势等，理性选择企业早期的经营内容。

市场有没有适当的规模特性，要根据企业自身的属性、条件，评估市场是否会由于规模过小而不能给企业带来所期望的销售额和利润，也要评价市场有没有未来的发展前景。

市场虽然具备了企业所期望的规模和发展前景，但可能缺乏盈利能力。新创企业要根据迈克尔·波特的分析理论，决定某一细分市场是否具有长期利润吸引力。

结合新办企业的目标和资源，有时要放弃部分有吸引力的细分市场，因为它们不符合企业的长远目标。当细分市场符合企业的目标时，企业还必须考虑自己是否拥有足够的资源，能保证在细分市场上取得成功。即使具备了必要的能力，企业还需要发展自己的独特优势。只有当企业能够提供具有高价值的产品和服务时，才可以进入目标市场。

(3) 确定具体目标市场

市场经过细分、评价，可能得出若干可以选择的细分市场，大学生创办新企业时需要确定目标市场范围，即通常在5种目标市场类型中选择其中一种。

①产品/市场集中（单一细分市场）　企业选择一个细分市场作为目标市场，企业只生产一种产品来满足这一市场消费者的需求。

这种策略的优点主要是能集中企业的有限资源，通过生产、销售和促销等专业化分工，提高经济效益。一般适用于实力较弱的大学生创办的小企业，但存在着较大的潜在风险，如消费者的爱好突然发生变化，或有强大的竞争对手进入这个细分市场，企业很容易受到损害。

②产品专业化（多个细分市场）　企业选择几个细分市场作为目标市场，企业只生产一种产品来满足不同目标市场消费者的需求。这种策略可使企业在某个领域树立起很高的地位，扩大产品的销售，但如果这种产品被全新技术产品所取代，其销量就会大幅下降。

③市场专业化（市场集中）　企业选择一个细分市场作为目标市场，并生产多种产品来满足这一市场消费者的需求。企业提供一系列产品专门为这个目标市场服务，容易获得这些消费者的信赖，产生良好的声誉，打开产品的销路。但如果这个消费群体的购买力下降，就会减少购买产品的数量，企业就会产生滑坡的危险。

④有选择专业化（产品集中）　企业选择若干个互不相关的细分市场作为目标市场，并根据每个目标市场消费者的需求，向其提供相应的产品。这种策略的前提是每个市场都必须是最有前景、最具经济效益的。

⑤选择全部细分市场（整体市场）　企业把所有细分市场都作为目标市场，并生产不同的产品满足各种不同的目标市场消费者的需求。大学生创办企业经过艰苦积累后发展为大型企业时，可以根据企业发展战略目标选用这种策略。

新创企业积极稳妥的目标市场是选择一个产品进行销售或生产，即在企业创办之初应当从事单一产品服务，把它做起来，逐步做好，甚至做精，再结合企业在发展过程中的状态评估目标市场，科学选取新目标市场范围。

(4) 制定目标市场策略

企业决定选择哪些细分市场为目标市场，有3种目标策略可供选择（图8-1）。这3种目标市场策略各有其长处和不足，企业应根据具体的情况加以选择。一般而言，无差异性市场策略、差异性市场策略一般适合于生产规模大、实力雄厚的大企业，而密集型市场策略适合新办企业。

无差异性目标市场策略是把整个市场作为一个大目标开展营销，它们强调消费者的共

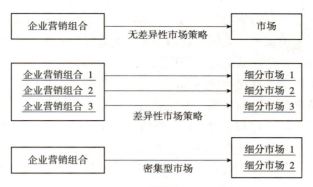

图 8-1 3 种不同的目标市场策略

同需要，忽视其差异性。采用这一策略的企业，一般实力都较为强大，采取大规模生产方式，并且有广泛而可靠的分销渠道以及统一的广告宣传方式和内容。

差异性目标市场策略通常是把整体市场划分为若干细分市场作为其目标市场。针对不同目标市场的特点，分别制订出不同的营销计划，按计划生产目标市场所需要的商品，满足不同消费者的需要。

密集性市场策略也称集中性市场策略，是指企业集中力量去满足一两个目标市场消费者需要。由于企业认为自己的资源有限，企业应集中所有的力量在这一两个目标市场上，争取在这个市场上获取较高的市场占有率，不断取得竞争优势，逐渐扩充自己实力。这种策略的优点是投资少、见效快。因为企业只有一两个市场，资金的需求较小。同时，由于这一两个市场是企业的命脉，企业必然会竭尽全力对目标市场进行深入的调查研究，及时收集顾客意见，及时反馈信息，及时按消费者的需求和欲望去改进产品，提供最佳服务，能迅速产生销售效果。但由于企业只有这一两个市场，如果市场发生变化，就会导致企业经营失利，使企业难以翻身。风险大是这种策略的不足之处。

新创企业在确定采用何种目标市场策略时，一定要考虑企业资源、产品的同质性、产品所处的生命周期阶段、市场的同质性、竞争状况。

8.1.2 新创企业产品价格设定

企业进行市场细分，确定目标市场之后，紧接着思考的是目标市场各方面的竞争情况。对新办企业而言，面对的目标市场中往往存在一些捷足先登的竞争者，有些竞争者在市场中已占有一席之地，并树立了独特的形象。新进入的大学生创办企业怎样使自己的产品有效区别于现存的竞争者产品，这就是市场定位的问题。确定产品价格，是市场定位的重要方面。

8.1.2.1 市场定位的概念和作用

市场定位是为了适应消费者心目中某一特定的看法而设计的企业、产品、服务及营销组合的行为。市场定位根据不同的定位对象而不同，一般分为企业(公司)定位、品牌定位、产品定位3个层面。产品定位就是将某个具体的产品定位于消费者心中，让消费者一产生类似需求就会联想起这种产品。产品定位是其他定位的基础，因为企业最终向消费者提供的是产品，没有产品这一载体，品牌定位与企业(公司)定位也就难以维持。品牌原本是产品的一种特殊标志,但品牌定位不同于产品定位,当一种知名品牌代表某一特定产品时,产品定位与品牌定位没有太大区别。当一种知名品牌代表多个产品时,产品定位就区别于品牌定位。品牌定位比产品定位内涵更宽,活动空间更广,应用价值更大。企业定位是企业组织形象的整体或具有代表性的局部在公众心目中的形象定位,企业定位是最高层的定位,必须先定位它的产品和品牌,但它的内容和范围要广得多。

市场定位能创造差异,有利于塑造企业特有的形象(图8-2)。它能适应细分市场消费者或顾客的特定要求,以更好地满足消费者的需求,形成企业竞争优势。

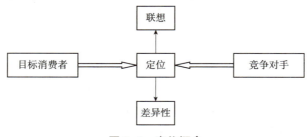

图8-2 定位概念

8.1.2.2 定位的策略

定位策略主要包括产品定位策略、品牌定位策略和企业定位策略3种,其中价格定位隶属于产品定位策略。市场营销中的产品是一个包含3个层次的整体产品,产品定位的目的,是让有形、无形的产品在顾客心目中留下深刻的印象,因此,产品定位必须从产品3个层次的各种特征,如功能、价格、技术、质量、安装、应用、维护、包装、销售渠道、售后服务等方面入手,使这之中的一个或几个能与其他同类产品区分开来,且区别越大越好,特色越明显越好,看上去就好像是市场上"唯一"的。归纳起来,产品定位策略有属性定位、价格与质量定位、功能和利益定位。

8.1.2.3 价格制定

价格是产品最明显、最能反映其质量、档次特征的信息。新创企业的产品在一定意义上就是一种全新的产品,新产品上市前的价格制定是一个企业产品定位的重要内容,直接关系到企业形象,甚至企业的存亡。新产品上市后的价格管理,是评判一个营销组织新产品营销执行水平的一个重要标志,也是极其重要的内容。

(1)定价方法

新创企业定价一般采用3种类型,即成本导向定价法、竞争导向定价法和需求导向定价法。

①成本导向定价法 它是以产品成本作为定价基础,再加上预期利润来确定价格的,是目前最常用、最基本的定价法。具体方法有:

成本加成定价法:即按照产品单位成本加上一定比例的毛利来定出售价。其公式为:

$$产品售价 = 单位成本 \times (1 + 成本加成率)$$

成本加成率即预期利润占总成本的百分比。

变动成本定价法:即只要产品价格高于单位变动成本,产品的边际收入就大于零,销售量增加就能引起总收入增加，该价格就可以接受。

盈亏平衡定价法：即以企业总收入与总成本保持平衡为依据来确定价格。

②竞争导向定价法 以市场上同类竞争产品的价格为定价依据，并根据竞争变化来调整价格的定价方法。具体的方法有：

随行就市定价法：即企业跟随行业中的主要竞争者的价格，或跟随各企业的平均价格来确定自己的产品价格。

限制进入定价法：即企业制定低于利润最大化的价格，以限制其他企业的进入。

密封投标定价法：采用此法定价时，是以设想竞争者将定什么价为基础，而不是以自己的成本或需求为基础。企业的主要目的是中标，其要价必须低于其他竞争者，但是定价不能低于成本水平。这种方法主要用于投标交易方式。

③需求导向定价法 根据市场需求状况和消费者对产品的感觉差异来确定价格的方法。其特点是灵活有效地运用价格差异，对平均成本相同的同一产品，价格随着市场需求的变化而变化，不与成本因素发生直接关系。需求导向定价法主要包括顾客认知价值定价法、需求差异定价法和逆向定价法。

（2）定价策略

一般情况下，新产品的价格制定主要考虑影响价格制定的因素和定价目标、定价方法。新创企业在定价时，要考虑如下方面：

①利用产品自身的差异化 新企业新产品价格策略上要善于制定原则，结合企业发展愿景和产品定位进行。

高质高价定位：高价格是高质量的象征。只要企业或产品属于高质量的类别，且能使顾客实实在在地感受到高质量、高水平、高档次服务，就可以用这种定位。当然对新创企业存在发展风险。

高质低价定位：新企业将高质低价作为一种竞争手段，目的在于渗透市场，提高市场占有率。对新创企业来说，由于产品和企业的知名度低，很难进入其他企业已经稳定的销售渠道中去。因此，企业不得不暂时采取高成本低效益的营销战略，这种方法通常适用于对价格敏感的消费者或易于仿制的新产品，如生活必需品。通过初期低价，企业可以薄利多销，快速占领市场，提高市场影响力，从而实现产品销量的增加，进而提高利润水平。

②考虑渠道环节 新企业相对而言，销售渠道少，但是有限的渠道要充分发挥其作用，它是影响新产品价格的重要因素之一。什么样的渠道就有什么样的价格几乎成为中国市场新产品价格判断标准。即使是同样的产品，在不同渠道也有不一样的价格。新产品选择了什么样的渠道，基本上决定了新产品定价策略取向。

③重视品牌 品牌对新产品价格影响十分明显，特别是企业经营耐用消费品，新产品价格定价策略必须考虑品牌因素。品牌在其中起着推波助澜的作用。

④发挥技术水平 新企业从事原创性技术水平下的新产品生产，在完全竞争市场中，高技术产品对市场价格会产生一定的影响。大学生创办的企业如果在专业技术应用的新产品上动脑筋，企业未来发展就会快速迅猛。这也是大学生群体创业的优势特征，也是未来企业的希望所在。

⑤遵从行业价格水平　新企业制定任何新产品价格都不可能摆脱企业所处的行业，因为行业价格水平会自动为企业的新产品设定上限。客观上新技术的价格优势在技术壁垒消除后，规模效益成为行业特征，价格就会回归。

⑥研判消费者价值认知　随着中国市场越来越成熟，企业采用小范围试销的手段不断在目标人群中测试新产品的市场价格，从而为新产品价格选择提供决策依据。新创企业同样可以选点销售，谨慎地在目标客户中测试其对产品的价格反应，尽可能为企业带来高收益。

⑦采用成本价格核定方法　新创企业不能忽视成本价格制定方法的作用，它能规避大学生创业者市场经验缺乏而导致的盲目决策所形成的失误。

⑧分地区定价　企业根据商品的特性、所在地区的市场态势、交货条件、费用分摊等不同情况，对不同地区实行不同价格的策略。

8.1.3　新创企业分销渠道构建

分销渠道即分销路径或分销路线，它是指商品从生产者转移到消费者手中所经过的路径。一个新创企业在激烈的市场环境中想使自己的产品销售畅通无阻，不是一件容易的事。企业需要建立一套适合自身优势的产品分销渠道，使企业产品进入目标市场路径多、渠道畅。

8.1.3.1　建立合适的分销渠道

新创企业应选择经济、合理的分销渠道，把商品送到目标市场。一条分销渠道是指某种货物或劳务从生产者向消费者移动时取得这种货物或劳务的所有权或帮助转移其所有权的所有企业和个人。因此，一条分销渠道主要包括商人、中间商（因为他们取得所有权）和代理中间商（因为他们帮助转移所有权）。此外，它还包括作为分销渠道的起点和终点的生产者和消费者（但它不包括供应商、辅助商等）；企业在何地、何时、由什么组织向消费者提供商品和劳务；渠道的长短、宽窄决策、中间商的选择以及分销渠道的分析评价和变革等内容。要注意分销渠道和市场营销渠道是两个不同的概念。

8.1.3.2　设计有效的分销渠道

在密集性分销、多种代理、选择性分销、某个区域或某级渠道包销代理、目标客户销售专营性分销、分公司和专卖店等传统分销形式中，寻找到适应新创企业的分销渠道。

（1）确定渠道目标

新创企业建立渠道目标就是把渠道建立为某种样式的渠道，即强调速度、体现便利、突出选择、重视服务。客户需要的是新创企业追求的分销目标。

在相互竞争又相互依存的环境中使自己的产品畅通无阻，做好客户所需要的服务类型和水平的调查是新创企业重点关注的工作，然后分析相关因素的影响，如产品因素、市场因素、企业的自身因素、经济效益因素、中间商因素和宏观环境因素。

新创企业要有自知之明，即正确评价企业自身的状况。相对于市场，新创企业是弱者；相对于产品，新创企业是强者。新创企业如果没有发展到一定程度是无法掌控市场的，市场又不断地变化，经销商的势力和分销渠道是企业难以影响的。新创企业从某个优势点做起，建立适合自身的产品销售渠道，确定渠道方案。

（2）制订渠道方案

新创企业主要考虑渠道成员的类型、数量、条件等。渠道成员的类型需要根据渠道目标、企业实力和竞争状况等综合考虑，通常企业在选择渠道成员时首先考虑的是依靠中间商还是使用自己的销售队伍，如果是使用中间商，又要考虑是使用经销商，还是使用代理商。在渠道成员数量方面，通常采用密集分销策略、选择性分销策略和专营性分销策略。渠道成员的条件主要是价格政策、销售条件、中间商的许可、双方的服务与责任。

（3）发展分销新形式

首先，新创企业结合企业产品进行渠道方案的评估和理智选择。这主要包括每种方案预计的销售额与成本费用的经济性进行比较，如新创企业可控性较强的渠道能吻合形势不断变化的适应性强的渠道；其次，随着社会化分工越来越细化，大学生创业者不断摸索或感知市场内在规律，科学管理产品分销；最后，合理利用资源，重视利益分配。谁在谁那里买谁的东西，新创企业在进行产品分销时，充分运用资源即内部资源、外部资源，还要进行利益分配，即企业自身利益、员工利益、各类经销商利益、消费者利益、预期利益、现实利益、利益与固定成本、机会成本等，建立同发展共分享的利益机制，推动分销渠道的持续繁荣。

8.1.4　新创企业实施促销策略

新创企业在正确地选择自己特定的服务对象后，在企业与中间商和消费者之间建立起稳定有效的信息联系，实现有效的信息沟通，通过整合促销，想方设法地将产品推向市场，有效地发展市场，从而增强企业的竞争优势。根据大学生创办企业的现状，促销的整合主要是指企业在市场营销中对广告促销、人员服务推销、营业推广和开展公共关系等促销手法的综合运用。

8.1.4.1　广告促销

在市场营销中，广告是指企业将产品、劳务等信息，采用向广播、电视、报刊、网络等付费的方法，借助大众媒体向公众传播信息。由于各种媒体各有不同的特点，企业在选择广告媒体时，必须注重广告的内涵、广告媒体的特点，合理选择适合本企业的营销目标、目标市场等需要的宣传方式。一般来说，主要考虑以下因素：

①广告目标要求　即企业对信息传播的要求，这是企业首先需要考虑的，如信息传播覆盖率、接触率、重复率和最低时间限度；信息的可信度以及产生的效应等。

②产品的特征　不同性质的产品应采用不同媒体。

③消费者的特点　要选择对目标消费者最刺激、最容易诱发其购买欲望的广告媒体。

④广告的成本　不同媒体收费标准不同，企业应根据自己实际情况，合理选择适合自己情况的媒体。

8.1.4.2　人员服务推销

人员服务推销指企业通过推销人员向消费者提供服务（如口头交谈等）来传递信息，影响消费者购买的一种营销活动。人员服务推销能主动与客户进行有效接触，面对面地交流，服务及时，当场解答消费者提出的问题，取得消费者的信任；而且灵活多样的服务容易产生事半功倍的效果，容易取得第一手资料，并把它及时反馈给企业。

要达到人员服务推销应有的效果，需加强对推销人员的服务理念和销售思维、推销技术的训练。通常应注意以下内容：通过市场调查、查阅资料、广告开拓、他人介绍等方式寻找消费者（包括潜在客户）；在推销前进一步了解消费者情况并设计面对顾客后的推销行为；利用多种合情合理的方式接近顾客，即直接与顾客接触；重视推销面谈，抓住顾客心理，灵活地在服务交流中说服顾客购买企业产品，如将商品特性与顾客的购买欲望联系起来，通过产品、文字、音像、影视、证明等样品或资料去劝导顾客购买商品，通过售后追踪消费者使用情况或提供新产品等；审时度势，抓住时机，促使交易达成。

8.1.4.3 营业推广

营业推广指能够迅速刺激需求，鼓励购买的各种促销活动。目前采用比较多的营业推广方式有赠送样品、赠送优惠券、附送赠品、有奖销售、现场演示、购买折扣、展销等。

（1）确定营业推广目标

目标市场不同、产品不同，营业推广的目标也不同。通常新创企业的早期营业推广目标是刺激消费者购买，鼓励现有消费者大量购买，吸引潜在消费者使用，争取其他品牌的使用者。新创企业发展阶段的营业推广目标是刺激中间商购买、销售本企业产品；同时刺激推销员推销新产品，开拓新的市场，努力提高企业销售业绩。

（2）制订营业推广方案

在具体进行产品营业推广前，新创企业首先制定切实可行的营业推广方案，通常包括推广的规模、推广的对象、推广的方式、推广的时间、推广的时机和推广的费用等。

8.1.4.4 开展公共关系活动

公共关系指企业或组织为了适应环境，争取社会公众的了解、信任、支持和合作，树立企业良好的形象和信誉而采取的有计划的行动。企业公共关系的对象主要是顾客、供应商和经销商、政府、社区和媒介等。新创企业进行公共关系的活动方式主要是通过新闻媒介传播企业信息，即通过新闻媒介向社会公众介绍企业、产品、团队，以吸引消费者的注意。如撰写各种新闻稿件、产品介绍、人物专访等；举办专题活动、邀请企业参观、举办联谊活动等；主动与政府机构、社会团体、供应商、经销商等外部组织加强联系和沟通，争取他们对企业的理解和支持；建立电子网站，发布企业公关广告，介绍宣传企业；利用处理异议，传播新创企业良好口碑，即在企业生产推销过程中针对顾客提出的异议，企业要认真分析异议的类型及其主要根源，有针对性地、实事求是地进行处理，做到时效优先、客户优先。

实践中整合促销，应结合新创公司的发展状态和战略目标而定。如在成长期，创业者可以根据企业所掌握的资源情况改变企业创业初期的销售渠道、着重沟通渠道，引导需求扩大销售，突出企业特点，树立企业形象，实现稳定的销售市场。

8.2 新创企业的财务管理

8.2.1 新创企业盈亏平衡点计算

8.2.1.1 盈亏平衡分析的基本概念

盈亏平衡也称保本,是指企业在一定时期内收支相等、不盈不亏、利润为零。当企业处于这种收支相等、损益平衡、不盈不亏、利润为零的特殊情况时,称为企业达到盈亏平衡状态或保本状态。

盈亏平衡分析是研究当企业恰好处于盈亏平衡状态时本量利关系的一种定量分析方法,根据产品的业务量(产量或销量)、成本、利润之间的相互制约关系的综合分析,用来预测利润,控制成本,判断经营状况的一种数学分析方法。它是确定企业经营安全程度和进行保利分析的基础,又称盈亏临界分析、损益平衡分析、两平分析、保本分析等。盈亏平衡分析的关键是盈亏平衡点的确定。

8.2.1.2 盈亏平衡点的确定

(1) 盈亏平衡点的含义

盈亏平衡点是能使企业达到盈亏平衡状态的业务量的总称。即在该业务量水平上,企业收入与变动成本之差刚好与固定成本持平。稍微增加一点业务量,企业就有盈利;反之,就会导致亏损发生。盈亏平衡点(break even point,BEP)又称盈亏临界点、保本点、盈亏两平点、损益两平点、损益分界点、损益转折点、损益均衡点、损益平衡点和够本点等。

(2) 盈亏平衡点的表现形式

盈亏平衡点有两种表现形式:一是盈亏平衡点销售量(也称保本量);二是盈亏平衡点销售额(也称保本额)。前者以实物表示,后者以货币价值量表示。它们都是标志企业达到收支平衡实现保本的销售业务量指标。在以平面直角坐标系为基础的盈亏平衡图上,盈亏平衡点 BEP 是由上述两个坐标决定其所在位置的,因此,盈亏平衡点的确定就是计算保本量和保本额的数值或确定其位置的过程。

(3) 盈亏平衡点的确定方法

盈亏平衡点可分别按图解法、基本等式法和贡献边际法确定。

① 图解法 通过绘制盈亏平衡图来确定盈亏平衡点(保本点)位置的一种方法。该法的原理是当总收入等于总成本时,企业恰好盈亏平衡。典型的保本图是绘制在平面直角坐标系上的(图 8-3)。该坐标图的横轴 OX 表示销售量,纵轴 OY 表示销售收入和成本。在此图画出总销售收入线和总成本线,若两条直线相交,其交点就是盈亏平衡点,据此可以读出保本量和保本额的数值。

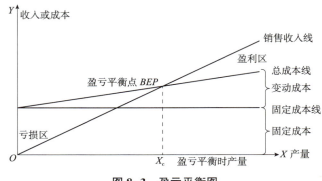

图 8-3 盈亏平衡图

②基本等式法 又称方程式法，是指在本量利关系基本公式的基础上，根据盈亏平衡点的定义，先求出保本量，再推算保本额的一种方法。

$$x_o(保本量) = 固定成本 \div (单价 - 单位变动成本) = a \div (p-b)$$

$$y_o(保本额) = 单价 \times 保本量 = p_x$$

按此法，只要知道单价 p，固定成本 a 和单位变动成本 b，便可以求得保本点 x_o 和保本额 y_o。

例如，生产某一产品的固定成本是 86000 元，售价为每台 65 元，每台的材料费是 20 元，工资为 7 元，其他变动成本为 4 元。求：A. 该企业盈亏平衡点的产品产量和销售额是多少？B. 由于市场竞争激烈，产品必须降价销售，现价格下降 10%，此时盈亏平衡点的产量为多少？盈亏平衡点的销售额为多少？

解： x_o(保本量) = 固定成本÷(单价-单位变动成本)

$$= 86000 \div (65-20-7-4) = 2529(台)$$

y_o(保本额) = 单价×保本量

$$= 65 \times 2529 = 164385(元)$$

降价 10% 后：

x_1(保本量) = 固定成本÷(单价×0.9-单位变动成本)

$$= 86000 \div (65 \times 0.9 - 20 - 7 - 4) = 3127(台)$$

y_1(保本额) = 单价×保本量

$$= 65 \times 0.9 \times 3127 = 182929.5(元)$$

③贡献边际等式法 所谓贡献边际是指产品的销售收入与相应变动成本之间的差额，又称边际贡献、贡献毛益、边际利润或创利额。所谓单位贡献边际是指产品的销售单价减去单位变动成本后的差额，也可用贡献边际总额除以有关销售量求得。所谓贡献边际率是指贡献边际总额占销售收入总额的百分比，又等于单位贡献边际占销售单价的百分比。贡献边际等式法是指利用贡献边际与业务量、利润之间的关系等式直接计算保本量和保本额的一种方法。它是在基本等式法的基础上发展而来的。

$$x_o(保本量) = 固定成本 \div 单位贡献边际 = a \div cm$$

$$y_o(保本额) = 固定成本 \div 单位贡献边际率 = a \div cmR$$

$$=\text{固定成本} \div (1-\text{变动成本率}) = a \div (1-bR)$$

显然，此法可以同时计算保本点 x_o 和保本额 y_o。其中：

$$Tcm(\text{贡献边际}) = \text{销售收入} - \text{总成本} = px - bx$$
$$= \text{单位贡献边际} \times \text{销售量} = cm \cdot x$$
$$= \text{销售收入} \times \text{贡献边际率} = px \cdot cmR$$
$$cm(\text{单位贡献边际}) = \text{单价} - \text{单位变动成本} = p - b$$
$$= \text{贡献边际}/\text{销售量} = Tcm/x$$
$$= \text{销售单价} \times \text{贡献边际率} = p \cdot cmR$$
$$cmR(\text{贡献边际率}) = \text{贡献边际}/\text{销售收入} \times 100\% = Tcm/px \times 100\%$$
$$= \text{单位贡献边际}/\text{单价} \times 100\% = cm/p \times 100\%$$
$$bR(\text{变动成本率}) = \text{变动成本} \div \text{销售收入} \times 100\% = bx \div px \times 100\%$$
$$= \text{单位变动成本} \div \text{单价}\ 100\% = b \div p \times 100\%$$
$$cmR(\text{贡献边际率}) = 1 - \text{变动成本率} = 1 - bR$$
$$bR(\text{变动成本率}) = 1 - \text{贡献边际率} = 1 - cmR$$

8.2.2 新创企业是否盈利分析

8.2.2.1 保利的业务量分析

(1) 实现目标利润业务量的计算

所谓实现目标利润(TP)的业务量，是指在单价和成本水平既定的情况下，为确保事先确定的目标利润能够实现而应当达到的销售量(记作 x_2)和销售额(记作 y_2)的统称。实现目标利润的业务量又称保利点业务量，有关的计算公式又称作保利公式。

$$x_2(\text{实现目标利润的销售量}) = (\text{固定成本} + \text{目标利润})/(\text{单价} - \text{单位变动成本})$$

或

$$x_2(\text{实现目标利润的销售量}) = (\text{固定成本} + \text{目标利润})/\text{单位贡献边际}$$
$$y_2(\text{实现目标利润的销售额}) = \text{单价} \times \text{实现目标利润的销售量}$$
$$= (\text{固定成本} + \text{目标利润})/\text{贡献边际率}$$

例如，丙企业在计划期间生产一种产品 A，单位售价 520 元，单位变动成本 338 元，固定成本总额 36000 元，目标利润 55000 元。求：该企业为实现目标利润所需要的销售量和销售额。

解：将相关数据代入上述公式得：

$$x_2(\text{实现目标利润的销售量}) = (36000+55000) \div (520-338) = 500(\text{件})$$
$$y_2(\text{实现目标利润的销售额}) = (36000+55000) \div [(520-338) \div 520]$$
$$= 260000(\text{元})$$

即该企业为实现 55000 元的目标利润，应使产品 A 产销量达到 500 件，或者使销售收入达到 260000 元。

(2) 实现目标净利润业务量的计算

目标净利润(TTP)是指企业在一定时期应该实现的税后利润目标，这也是利润规划中的一个重要指标。因为只有净利润才是企业可能实际支配的盈利额，才能用于提取盈余公积、分配利润。企业领导必然要求管理会计根据事先确定的目标净利润这一指标，进行相应分析，其中计算为确保目标净利润的实现而应当达到的销售量和销售额，就是一项重要的任务。实现目标净利润业务量的计算公式如下：

实现目标净利润的销售量=[固定成本+实现目标净利/(1-所得税率)]/单位贡献边际
实现目标净利润的销售额=[固定成本+实现目标净利/(1-所得税率)]/贡献边际率

（3）盈亏平衡点业务量、实现目标利润业务量及实现目标净利润业务量的计算公式对比

从盈亏平衡点业务量、实现目标利润业务量及实现目标净利润业务量的计算公式对比中可见，不论是盈亏平衡分析还是盈利分析，凡计算有关销售量指标时，均以单位贡献边际作分母；凡计算有关销售额指标时，则用贡献边际率作分母，这是它们共性之所在。但这些公式的分子是不同的，这就决定了在生产单一品种的条件下，影响盈亏平衡点的因素有3个，影响保利点的因素有4个，而影响实现目标净利润业务量的因素有5个。其中，计算盈亏平衡点的公式最为重要，因为它可以把盈亏平衡公式和实现目标净利润业务量的公式联系起来。如当目标利润为零时，保利点的公式就自动转变为保本点公式；当要求计算实现目标净利润业务量时，将所得税因素考虑进去，套用实现目标净利润业务量的计算公式即可求得。

8.2.2.2 保利的成本分析

在其他因素既定的条件下，往往需要了解成本水平达到什么程度才能实现目标利润，于是有以下公式可供参考：

实现目标利润应达到的单位变动成本=(销售额-固定成本-目标利润)/销售量
=单价-(固定成本+目标利润)/销售量

实现目标利润应达到的固定成本=销售额-变动成本-目标利润
=贡献边际-目标利润
=销售额×贡献边际率-目标利润
=销售额×(1-变动成本率)-目标利润
=单位贡献边际×销售量-目标利润
=(单价-单位变动成本)×销售量-目标利润

8.2.2.3 保利的单价分析

在其他因素既定的条件下，往往需要了解销售单价达到什么水平才能实现目标利润，这时可用以下公式测算：

单价=(变动成本+固定成本+目标利润)/销售量
=单位变动成本+(固定成本+目标利润)/销售量
=单位变动成本+单位目标贡献率

这个公式可用于定价预测。

8.2.2.4 利润与其他因素的相关分析

利润与其他因素的关系可用以下公式表示：

$$\begin{aligned}
利润 &= 销售收入 - 变动成本 - 固定成本 \\
&= 贡献边际总额 - 固定成本 \\
&= 销售收入 \times 贡献边际率 - 固定成本 \\
&= (单价 - 单位变动成本) \times 销售量 - 固定成本 \\
&= 单位贡献边际 \times 销售量 - 固定成本 \\
&= 安全边际销售量 \times 单位贡献边际 \\
&= 安全边际销售额 \times 贡献边际率
\end{aligned}$$

这个公式可用于利润预测和计算。

8.3 新创企业的管理

8.3.1 生存靠能人，实行"人治"

初创期的新创企业，目标明确、激情四溢、团队向心、诚信相待。通常这时企业的员工人数尚少，不需要繁复的流程和规则，更多是靠彼此间的信赖促成工作，时间、效率就是一切。处于这个阶段的企业，不需要专业的人力资源管理，准确地说，这时更需要的是人事管理。所谓的人力资源管理工作，在这个阶段更多集中于为员工计算工资，并执行一些行政内勤事务。

有些创业者来自大公司，深信企业必须有一名好的人力资源总监，在创业早期就开始物色人选。但实际上，企业在这个时期通常规模不大，不需要复杂的管理体系进行支撑，随着企业的扩大，管理者力量有限，则需要一套管理体系，如绩效管理、薪酬体系、招聘体系建设等。此时人力资源总监就有了存在的必要。

初创期企业是否需要人力资源总监？答案是需要，但这时的人力资源总监，正是创业者自己。此时企业招人靠的不是人力资源部门，而是创业者的激情。这一阶段类似于人的童年时期，属于第一阶段，生存是企业的第一目标，也就是说首先要解决"吃饭"的问题，此阶段采取的是"人盯人"的人力资源管理策略。"人盯人"策略简单粗放，却与企业初期的情况相适应，最大的优点是管理成本低、决策效率高，能适应企业环境快速变化的需要。纵观国内外众多著名企业的发展史，不难看出，这些企业在早期刚刚创立的时候，都有一些非常厉害的人物，在他们身上流传着许多被人津津乐道的管理轶事，如微软的比尔·盖茨、海尔的张瑞敏等。正是在这些"能人"的带领下，企业一步一步走向辉煌。

因此，在该阶段，企业的管理者应采取亲和型为主的管理风格，将更多的精力集中于与员工建立良好的关系，培养家庭般的组织氛围，加强组织的无形吸引力。由于组织整体经验的缺乏，管理者应当鼓励员工采取灵活自主的开拓行为，进行多方面的尝试，以探索出未来的发展方向。

8.3.2 发展靠制度，实行"法治"

随着企业逐步发展，达到一定的规模时，就进入新创企业发展期。处于这个阶段的企业规模扩大、人数增加，竞争性增强；经营业务范围不断拓展，业务量增大；组织机构也随之相应扩大，管理层次增加；内部分工日益细化，专业化程度提高；管理工作量增大，管理难度日趋复杂。因发展速度过快或市场变化过快等原因，员工出现疲于应付等情况，在变化面前出现不同的声音，员工通常会对企业的发展提出不同的意见及见解，人与人之间的信任开始缺失，甚至出现各自为政的局面。这时亟须建立企业文化，确定公司目标，规范员工的行为，形成衡量业绩的标准。单纯依靠企业管理者个人的能力维持企业运行的粗放型管理方式不再适应企业的发展，一方面，企业管理者个人的时间和精力不允许；另一方面，企业管理者的专业知识和能力也难以满足日益复杂化和专业化的管理需要。决策权由高度集中逐渐向分权转变，职业经理人进入角色，开始发挥作用；企业规章制度不断建立和健全，开始实行规范化、系统化的管理，企业文化逐渐形成。

这也意味着人力资源管理开始变得重要。随着企业的扩大，管理者已经无法管理及影响到每一个人，需要将更多的精力用来规划公司的战略及未来。在此阶段，人力资源管理者要根据公司的发展需要招聘相应的人员，建立招聘体系；为避免出现大锅饭现象，也要开始建立绩效管理体系，并开始关注公司的企业文化建设以及薪酬体系与激励体系。只有如此，才能使公司在正确的轨道上前行。这个阶段的人力资源管理，更倾向于把人用对、把人用好，把合适的人放在合适的位置上，给予其合适的薪酬和激励。如果还沿用初创期的做法，就会阻碍企业的发展。因此，企业的管理者应当采取以教导型为主的管理风格，确定长期的工作目标及相应标准，增强对新员工的培养力度，使之快速适应企业发展的需要。

如果一家企业，已经走出初创期，正处于发展期，且在行业中占据了一定的地位，但这个公司仍然采用初创期的人事管理模式，人力资源部的核心工作仅是发工资、做考勤、签合同，那么就会出现严重的"大锅饭"现象。更严重的情况是，人人都有发言权，但只说不做。随着市场透明度的增加、人工成本的上涨、市场竞争的日益激烈，该企业的发展开始捉襟见肘时，才意识到人力资源管理的重要性，再请咨询顾问进行绩效梳理。

8.3.3 繁荣靠文化，实行"德治"

成熟期的企业业务已步入正轨，未来3~5年的发展战略已经非常清晰，公司发展也日趋稳定，企业进入一个相对稳定的时期，不稳定的因素减少，多年经验积累而成的业务规则与业务标准已自成体系，企业规模经过前期的成长，达到了前所未有的程度，员工的数量远远地超出了企业管理者有形控制的范围。企业具备了规模稳定、方向稳定、发展稳定等特征。此时，企业可能业绩上升速度不快，但绝不会输于市场。在这种情况下，企业毛利也已经相对固化，但成本在不断升高，这时就需要通过流程的控制、精细化的管理来从中获得利润。

处于成熟期的企业，其稳定的业务模式往往会使员工缺乏激情或对个人成长的目标产生迷茫，因此，在人力资源管理上，需要更明确的职业生涯规划，更清晰的人才培养体系，需要一套适应组织发展的运营模式，需要顺应企业发展阶段的企业文化建设，要让员工看到企业的发展希望，而不是只看到瓶颈。

这时，就到了人力资源的发展阶段，即企业更关注员工的未来发展及其与企业发展的契合度，而不仅是要求员工按照公司的要求及职位说明书工作。企业需要从绩效管理的过程中发现员工的问题，辅以培训，以提升员工的能力，促进员工的发展，最终达到组织发展的目的。

8.3.4 重生靠改革，实行"整治"

转型变革期的企业，永远在主动挑战自己，它们引领市场、引领行业、引领未来，它们更前瞻、更敏锐，永远具有危机感。转型变革期的企业具备3个关键特征：一是具有严明的纪律，即在规则下做事；二是具有建设性的焦虑，即不会盲目乐观，但也不会无缘由地悲观；三是基于实证主义的创造性，即把握住创造是企业发展的源泉，但创新是要基于数据分析，而非自我感觉。

因此，处于转型变革期的企业更应把握这几个关键点。用好自己的优势，转型变革期的企业大都在行业中具有领先地位和很好的品牌效应，更容易吸纳人才。这样的企业，如何认识和管理人才？这个时候，员工不仅是资源，更多的是资本，资本运作后产生的价值是巨大的。因此，需要给员工提供更大的平台，甚至于让他们成为企业的股东。现在很多企业在谈网状组织结构，其意义就在于企业是"搭台子的"，员工是"在台子上表演的"，表演得好可以与企业成为一体。很多企业甚至会选择让员工成为小企业主，使其更全心全意地做事。对此，企业的管理者应当采取以民主型为主的管理风格，让员工充分了解企业的发展态势，并征求员工的意见，让员工参与企业的决策，极大地激发员工的主人翁精神，发挥群策群力的效应。

其实管理是可以不拘小节的，关键在于相应的平台和机制。当真正的人力资本时代到来的时候，企业中的员工从"要我学"转变为"我要学"，更积极主动，为企业发展作出贡献。

◈ 实践活动

请结合实际，利用身边的资源，了解某个企业的管理架构，撰写一份企业管理实践报告。

参考文献

蔡维灿，2009．管理会计［M］．北京：北京理工大学出版社．

董青春，董志霞，2012．大学生创业基础［M］．北京：经济管理出版社．

杜永红，梁林蒙，杨彩霞，等，2016．大学生创新创业教育［M］．北京：清华大学出版社．

段辉琴，陆俊，2017．大学生创新创业精神培育路径［J］．继续教育研究（2）：6-18．

冯丽霞，王若洪，马飞翔，2013．创新与创业能力培养［M］．北京：清华大学出版社．

侯文华，2012．大学生创新创业教育教程［M］．北京：科学出版社．

胡海波，2011．创业计划［M］．厦门：厦门大学出版社．

华海敏，2015．创新引：互联网+时代的机遇与挑战［M］．北京：电子工业出版社．

黄达人，2012．高职的前程［M］．北京：商务印书馆．

江焕平，2015．管理会计［M］．北京：机械工业出版社．

李伟，张世辉，李长智，2015．创新创业教程［M］．北京：清华大学出版社．

李蔚，牛永革，2005．创业市场营销［M］．北京：清华大学出版社．

林伯全，2016．大学生创新创业教程［M］．大连：大连理工大学出版社．

刘艳彬，李兴森，2016．大学生创新创业教程［M］．北京：人民邮电出版社．

牛冰非，2017．"大众创业，万众创新"背景下高校创新创业教育体系建设研究［J］．赤峰学院学报（自然科学版）（2）：172-174．

孙洪义，2016．创新创业基础［M］．北京：机械工业出版社．

唐寒冰，2017．大众创业、万众创新浪潮与政策分析［J］．经济师（1）：40-41，43．

吴伟伟，2016．大学生创新创业教育［M］．北京：经济科学出版社．

徐绪松，2002．商业计划书的编制技巧［M］．北京：民主与建设出版社．

张玉利，2013．创业管理（基础版）［M］．北京：机械工业出版社．